세 마리 토끼를 잡는

추구집
推句集

조규남 편저

伯牙絶絃

漁父之利

鷄肋

세 마리 토끼를 잡는

추구집
推句集

조규남 편저

刻舟求劍

狐假虎威

머리말

추구(推句)라는 말은 '한시의 구절을 뽑는다' 라고 해석할 수 있으며, 『추구집(推句集)』은 유명한 시인들과 이름난 선비들이 애송해오던 한시(漢詩)로 다섯 글자가 한 구절을 이루는 오언시(五言詩) 중에서 뽑아 엮은 책이라고 할 수 있습니다. 특히 처음 학문을 접하는 어린이들을 위한 학습서였기 때문에 자연과 일상생활, 만물의 이치, 가치 있는 삶 등에 관한 명문장들로 구성되어 있습니다. 이 『추구집(推句集)』은 지은이가 누구인지 모릅니다. 다만 슬기로운 우리 조상들이 만들었다는 것만 전해져 올 뿐입니다.

시 속에는 함축된 뜻이 있고, 시를 읊조리면 리듬감이 있어 흥을 돋우는 매력이 발산되는데, 더구나 시구(詩句)가 마음에 와 닿는다면 표현하기 어려운 무한한 감동을 일으키기에 공감을 하는 것 같습니다.

이런 긍정적인 효과가 있음을 간파한 옛 선인들은 문학을 통해 자기의 사상과 감정을 전달하거나 심신(心身)을 치유하는 도구로 사용하였습니다. 예를 들면 이웃 나라와의 외교관계가 생겨 협상을 하던 자리에서 시문(詩文)을 주고받으며 문제를 해결하곤 하였습니다. 또한 문학 속의 비극적인 스토리를 보면서 마음에 쌓여 있던 우울함, 불안감, 긴장감 등이 해소되고 마음의 안정을 찾는 카타르시스(catharsis)를 느끼며 정화작용(淨化作用)을 맛보게 했던 것입니다.

저자가 예전에 서예학원을 운영하면서 학생들에게 『추구집(推句集)』을 공부하게 하였는데 의외로 좋은 반응이 있었습니다. 그래서 한국과 중국의 고사성어(故事成語)까지 곁들여 학습량을 늘렸는데 매우 만족해하였기에 붓글씨로도 표현하도록 유도하였습니다. 학생들은 다른 사람이 갖지 못하는 문학적 소양과 예술, 그리고 자기만족감을 동시에 획득하였습니다. 그 때의 감동으로 성장기의 청소년이 먼저 이 『추구집(推句集)』으로 심신을 수양하고 자신감 있는 삶을 살도록 도움을 주고자 책으로 엮을 것을 결심하였습니다.

이 『추구집(推句集)』은 앞면에 한시(漢詩)와 고사성어(故事成語)를 익히고, 뒷면에는 심신(心身)의 안정을 위해 붓글씨를 연습하도록 화선지의 틀을 만들어 배치하였습니다.

청소년을 위한 심신수양서(心身修養書)가 필요하다는 인식을 '시간의 물레' 권호순 대표께서 포용해 주셔서 새로운 『추구집(推句集)』이 출간되었습니다. 한참 성장기에 있는 아들 범수와 딸 민서에게 아빠가 그동안 접해온 한문학과 서예의 일부분이라도 전달해주고 싶은 욕심이 있었는데, 권교수님께서 이런 사심(私心)까지 받아주셔서 참으로 부끄럽고 감사한 마음이 듭니다. 온도가 38℃까지 오르내리는데 흔들림 없이 편집을 담당해 주신 시간의물레 편집부의 수고에 고마움을 전합니다.

2018년 7월 대서(大暑)
관악산 자락 낙성대의 오산 독서루(五山讀書樓)에서

目次

- 목차

■ 추구집

- ■ 한자의 필순 ············ 6쪽

- ■ 암송하기 ············ 8쪽

- ■ 『추구집』 쓰기와
  정리하고 쉬어가기 ········ 17쪽

- ■ 고사성어 쓰기 ··········· 257쪽

- ■ 마음수련 붓글씨 ········· 307쪽
  - ■ 永字八法 (영자 팔법) 익히기

한자의 필순(□□)

한자의 필순(筆順)은 절대적인 규칙이 있는 것은 아니지만, 오랜 세월동안 여러 사람의 체험을 통해서 붓글씨의 획(劃)을 쓰기위한 일반적인 순서가 갖추어졌다고 할 수 있다. 글자의 모양이 아름다우면서 빠르고 정확하게 쓸 수 있는 방법이 필요했던 것이다. 붓글씨의 획(劃)은 점(點)과 선(線)으로 이루어져있는데, 필순은 이 점과 선으로 구성된 획을 쓰는 순서를 말한다. 특히, 행서(行書)와 초서(草書)의 경우에는 쓰는 순서에 따라 그 한자의 모양새가 달라진다.

필순(筆順)의 기본원칙(基本原則)은 다음과 같다. 예외적인 경우도 잘 알아두어야 한다.

1. **위에서 아래로 긋는다.**

    三 ⇨ 一 二 三

2. **왼쪽에서 오른쪽으로 긋는다.**

    川 ⇨ 丿 丿丨 川

3. **가로획을 먼저 쓰고 세로획은 나중에 긋는다.**

    十 ⇨ 一 十   田 ⇨ 丨 冂 日 田 田
    主 ⇨ 丶 一 二 主 主   佳 ⇨ 丿 亻 亻 亻 亻 亻 佳 佳
    馬 ⇨ 丨 厂 厂 斤 斤 馬 馬 馬 馬 馬

4. **삐침(丿)을 파임(乀)보다 먼저 긋는다.**

    入 ⇨ 丿 入   及 ⇨ 丿 丆 乃 及

    · **삐침(丿)을 나중에 긋는 경우도 있다.**

    力 ⇨ 乛 力   方 ⇨ 丶 一 亠 方

5. **좌우(左右)로 대칭일 때는 가운데 획을 먼저 긋는다.**

    小 ⇨ 亅 小 小   水 ⇨ 亅 氵 水 水
    山 ⇨ 丨 山 山   出 ⇨ 丨 屮 屮 出 出
    雨 ⇨ 一 厂 冂 币 雨 雨 雨
    [예외] 火 ⇨ 丶 丷 火 火   來 ⇨ 一 厂 厂 朮 朮 來 來

6. 글자 전체를 꿰뚫는 획은 나중에 긋는다.

中 ⇨ 丨 口 口 中　　　車 ⇨ 一 匸 厅 行 百 亘 車

事 ⇨ 一 丆 亓 旦 写 写 事 事

手 ⇨ ノ 二 三 手

子 ⇨ 一 了 子　　　女 ⇨ 乚 丈 女

母 ⇨ 乚 勹 母 母 母

[예외] 世 ⇨ 一 十 卅 廿 世

7. (오른쪽 위의) 점은 맨 나중에 찍는다.

太 ⇨ 一 ナ 大 太　　　寸 ⇨ 一 寸 寸

代 ⇨ ノ イ 仁 代 代

求 ⇨ 一 十 寸 求 求 求 求

8. 안을 둘러싸고 있는 한자는 바깥부분을 먼저 쓰고, 밑부분은 맨 나중에 긋는다.

四 ⇨ 丨 冂 四 四 四

國 ⇨ 丨 冂 冂 冂 冂 冂 冋 國 國 國

門 ⇨ 丨 冂 冂 冂 冂 門 門 門

9. 받침(廴, 辶)은 맨 나중에 긋는다.

建 ⇨ フ ㅋ ㅋ 글 冫 聿 聿 建 建

近 ⇨ ノ 厂 斤 斤 沂 近 近 近

[예외] 起 ⇨ 一 十 土 キ 丰 走 走 起 起 起

題 ⇨ 丨 冂 冂 日 旦 早 早 是 是 是 題 題 題 題 題 題

♣ 아래의 시구(詩句)와 고사성어(故事成語)를 소리내어 읽으며, 풀이하시오.

암송하기 - 1

회차	시구	고사성어
1회 P.17~	天高日月明이요 地厚草木生이라	苛政猛虎
2회 P.19~	月出天開眼이요 山高地擧頭라	刻舟求劍
3회 P.21~	東西幾萬里요 南北不能尺이라	乾坤一擲
4회 P.23~	天傾西北邊이요 地卑東南界라	結草報恩
5회 P.25~	春來梨花白이요 夏至樹葉靑이라	鷄口牛後
6회 P.27~	秋凉黃菊發이요 冬寒白雪來라	鷄肋
7회 P.29~	日月千年鏡이요 江山萬古屛이라	鷄鳴拘盜
8회 P.31~	東西日月門이요 南北鴻雁路라	孔子穿珠
9회 P.33~	春水滿四澤이요 夏雲多奇峯이라	瓜田李下
10회 P.35~	秋月揚明輝요 冬嶺秀孤松이라	管鮑之交
11회 P.37~	日月籠中鳥요 乾坤水上萍이라	刮目相對
12회 P.39~	白雲山上蓋요 明月水中珠라	狡兔三窟
13회 P.41~	月爲宇宙燭이요 風作山河鼓라	鴝鵒學舌
14회 P.43~	月爲無柄扇이요 星作絶纓珠라	九牛一毛

8

♣ 아래의 시구(詩句)와 고사성어(故事成語)를 소리내어 읽으며, 풀이하시오.

암송하기 - 2

회차	시구		고사성어
15회 P.45~	雲作千層峰이요	虹爲百尺橋라	國士無雙
16회 P.47~	秋葉霜前落이요	春花雨後紅이라	捲土重來
17회 P.49~	春作四時首요	人爲萬物靈이라	錦衣夜行
18회 P.51~	水火木金土요	仁義禮智信이라	杞憂
19회 P.53~	天地人三才요	君師父一體라	騎虎之勢
20회 P.55~	天地爲父母요	日月似兄弟라	奇貨可居
21회 P.57~	夫婦二姓合이요	兄弟一氣連이라	難兄難弟
22회 P.59~	父慈子當孝요	兄友弟亦恭이라	南柯一夢
23회 P.61~	父母千年壽요	子孫萬世榮이라	濫觴
24회 P.63~	愛君希道泰요	憂國願年豊이라	老馬之智
25회 P.65~	妻賢夫禍少요	子孝父心寬이라	累卵之危
26회 P.67~	子孝雙親樂이요	家和萬事成이라	多岐亡羊
27회 P.69~	思家淸宵立이요	憶弟白日眠이라	多多益善
28회 P.71~	家貧思賢妻요	國亂思良相이라	斷機之戒

♣ 아래의 시구(詩句)와 고사성어(故事成語)를 소리내어 읽으며, 풀이하시오.

암송하기 - 3

회차	시구 1	시구 2	고사성어
29회 P.73~	綠竹君子節이요	靑松丈夫心이라	斷腸
30회 P.75~	人心朝夕變이요	山色古今同이라	螳螂拒轍
31회 P.77~	江山萬古主요	人物百年賓이라	大器晚成
32회 P.79~	世事琴三尺이요	生涯酒一盃라	同病相憐
33회 P.81~	山靜似太古요	日長如少年이라	登龍門
34회 P.83~	靜裏乾坤大요	閒中日月長이라	磨斧作針
35회 P.85~	耕田埋春色이요	汲水斗月光이라	望洋之歎
36회 P.87~	西亭江上月이요	東閣雪中梅라	麥秀之嘆
37회 P.89~	飮酒人顔赤이요	食草馬口靑이라	孟母三遷
38회 P.91~	白酒紅人面이요	黃金黑吏心이라	矛盾
39회 P.93~	老人扶杖去요	小兒騎竹來라	毛遂自薦
40회 P.95~	男奴負薪去요	女婢汲水來라	武陵桃源
41회 P.97~	洗硯魚呑墨이요	煮茶鶴避煙이라	刎頸之交
42회 P.99~	松作延客蓋요	月爲讀書燈이라	門前成市

♣ 아래의 시구(詩句)와 고사성어(故事成語)를 소리내어 읽으며, 풀이하시오.

암송하기 - 4

회차	시구 1	시구 2	고사성어
43회 P.101~	花落憐不掃요	月明愛無眠이라	尾生之信
44회 P.103~	月作雲間鏡이요	風爲竹裡琴이라	拔本塞源
45회 P.105~	掬水月在手요	弄花香滿衣라	傍若無人
46회 P.107~	五夜燈前晝요	六月亭下秋라	杯盤狼藉
47회 P.109~	歲去人頭白이요	秋來樹葉黃이라	背水陣
48회 P.111~	雨後山如沐이요	風前草似醉라	杯中蛇影
49회 P.113~	人分千里外요	興在一杯中이라	白面書生
50회 P.115~	春意無分別이요	人情有淺深이라	白眉
51회 P.117~	花落以前春이요	山深然後寺라	伯牙絶絃
52회 P.119~	山外山不盡이요	路中路無窮이라	法不徇情
53회 P.121~	日暮蒼山遠이요	天寒白屋貧이라	覆水不收
54회 P.123~	小園鶯歌歇이요	長門蝶舞多라	不貪爲寶
55회 P.125~	風窓燈易滅이요	月屋夢難成이라	徙木之信
56회 P.127~	日暮鷄登埘요	天寒烏入簷이라	四面楚歌

♣ 아래의 시구(詩句)와 고사성어(故事成語)를 소리내어 읽으며, 풀이하시오.

암송하기 - 5

회	시구 1	시구 2	고사성어
57회 P.129~	野曠天低樹요	江淸月近人이라	蛇足
58회 P.131~	風驅群飛雁이요	月送獨去舟라	三顧草廬
59회 P.133~	細雨池中看이요	微風木末知라	三人成虎
60회 P.135~	花笑聲未聽이요	鳥啼淚難看이라	塞翁之馬
61회 P.137~	白鷺千點雪이요	黃鶯一片金이라	西施矉目
62회 P.139~	桃李千機錦이요	江山一畫屛이라	噬臍莫及
63회 P.141~	鳥宿池邊樹요	僧敲月下門이라	先始於隗
64회 P.143~	棹穿波底月이요	船壓水中天이라	先則制人
65회 P.145~	高山白雲起요	平原芳草綠이라	成蹊
66회 P.147~	水連天共碧이요	風與月雙淸이라	宋襄之仁
67회 P.149~	山影推不出이요	月光掃還生이라	首鼠兩端
68회 P.151~	水鳥浮還沒이요	山雲斷復連이라	水滴穿石
69회 P.153~	月移山影改요	日下樓痕消라	守株待兔
70회 P.155~	天長去無執이요	花老蝶不來라	孫順埋兒

♣ 아래의 시구(詩句)와 고사성어(故事成語)를 소리내어 읽으며, 풀이하시오.

암송하기 - 6

71회 P.157~	初月將軍弓이요	流星壯士矢라		脣亡齒寒
72회 P.159~	掃地黃金出이요	開門萬福來라		視吾舌
73회 P.161~	鳥逐花間蝶이요	鷄爭草中蟲이라		餓死狙公
74회 P.163~	鳥喧蛇登樹요	犬吠客到門이라		雁書
75회 P.165~	高峯撑天立이요	長江割地去라		眼中之釘
76회 P.167~	碧海黃龍宅이요	靑松白鶴樓라		良禽擇木
77회 P.169~	月到梧桐上이요	風來楊柳邊이라		藥籠中物
78회 P.171~	群星陣碧天이요	落葉戰秋山이라		羊頭狗肉
79회 P.173~	潛魚躍淸波요	好鳥鳴高枝라		梁上君子
80회 P.175~	雨後澗生瑟이요	風前松奏琴이라		漁父之利
81회 P.177~	馬行千里路요	牛耕百畝田이라		餘桃之罪
82회 P.179~	馬行駒隨後요	牛耕犢臥原이라		緣木求魚
83회 P.181~	狗走梅花落이요	鷄行竹葉成이라		五里霧中
84회 P.183~	竹筍黃犢角이요	蕨芽小兒拳이라		五十步百步

♣ 아래의 시구(詩句)와 고사성어(故事成語)를 소리내어 읽으며, 풀이하시오.

암송하기 - 7

회차	시구 1	시구 2	고사성어
85회 P.185~	天淸一雁遠이요	海闊孤帆遲라	吳越同舟
86회 P.187~	花發文章樹요	月出壯元峰이라	蝸角之爭
87회 P.189~	柳色黃金嫩이요	梨花白雪香이라	臥薪嘗膽
88회 P.191~	綠水鷗前鏡이요	靑松鶴後屛이라	完璧
89회 P.193~	雨磨菖蒲刀요	風梳楊柳髮이라	愚公移山
90회 P.195~	鼇耕蒼海去요	鷺割靑山來라	月下氷人
91회 P.197~	花紅黃蜂鬧요	草綠白馬嘶라	泣斬馬謖
92회 P.199~	山雨夜鳴竹이요	草蟲秋入牀이라	以心傳心
93회 P.201~	遠水連天碧이요	霜楓向日紅이라	一擧兩得
94회 P.203~	山吐孤輪月이요	江含萬里風이라	一網打盡
95회 P.205~	露凝千片玉이요	菊散一叢金이라	一衣帶水
96회 P.207~	白蝶紛紛雪이요	黃鶯片片金이라	人心最深
97회 P.209~	洞深花意懶요	山疊水聲幽라	前車覆轍
98회 P.211~	氷解魚初躍이요	風和雁欲歸라	精衛塡海

♣ 아래의 시구(詩句)와 고사성어(故事成語)를 소리내어 읽으며, 풀이하시오.

암송하기 - 8

회차	시구		고사성어
99회 P.213~	林風涼不絶이요	山月曉仍明이라	井底之蛙
100회 P.215~	竹筍尖如筆이요	松葉細似針이라	糟糠之妻
101회 P.217~	魚戱新荷動이요	鳥散餘花落이라	朝三暮四
102회 P.219~	琴潤絃猶響이요	爐寒火尙存이라	助長
103회 P.221~	春北秋南雁이요	朝西暮東虹이라	左袒
104회 P.223~	柳幕鶯爲客이요	花房蝶作郎이라	竹馬故友
105회 P.225~	日華川上動이요	風光草際浮라	中石沒鏃
106회 P.227~	明月松間照요	淸泉石上流라	曾子殺彘
107회 P.229~	靑松夾路生이요	白雲宿簷端이라	指鹿爲馬
108회 P.231~	荷風送香氣요	竹露滴淸響이라	天高馬肥
109회 P.233~	谷直風來急이요	山高月上遲라	鐵面皮
110회 P.235~	蟋蟀鳴洞房이요	梧桐落金井이라	借鷄騎還
111회 P.237~	山高松下立이요	江深沙上流라	七步之才
112회 P.239~	花開昨夜雨요	花落今朝風이라	兔死狗烹

♣ 아래의 시구(詩句)와 고사성어(故事成語)를 소리내어 읽으며, 풀이하시오.

암송하기 - 9

회차	시구 1	시구 2	고사성어
113회 P.241~	大旱得甘雨요	他鄕逢故人이라	破鏡
114회 P.243~	畫虎難畫骨이요	知人未知心이라	破竹之勢
115회 P.245~	水去不復回요	言出難更收라	涸轍鮒魚
116회 P.247~	學文千載寶요	貪物一朝塵이라	解語花
117회 P.249~	文章李太白이요	筆法王羲之라	螢雪之功
118회 P.251~	一日不讀書면	口中生荊棘이라	狐假虎威
119회 P.253~	花有重開日이요	人無更少年이라	畫龍點睛
120회 P.255~	白日莫虛送고	靑春不再來라	和氏之璧

_____ 년 ___ 월 ___ 일 ㊞

♣ **아래의 빈칸을 채우고, 〈읽기〉 부분을 소리 내어 읽어보시오.**

『推句集』 쓰기 −1

〈읽기〉 **천 고**/**일 월 명** 이요	하늘은 높고 해와 달은 밝으며,				
〈구절풀이 순서〉 ㅤㅤ1ㅤ2ㅤ3ㅤ4ㅤ5 • 天 高 日 月 明	天 하늘 **천**	高 높을 **고**	日 해 **일**	月 달 **월**	明 밝을 **명**

〈읽기〉 **지 후**/**초 목 생** 이라	땅은 두텁고 풀과 나무가 자라네.				
〈구절풀이 순서〉 ㅤㅤ1ㅤ2ㅤ3ㅤ4ㅤ5 • 地 厚 草 木 生	地 땅 **지**	厚 두터울 **후**	草 풀 **초**	木 나무 **목**	生 자랄 **생**

17

_____ 년   월   일 ㊞

♣ 아래의 시구(詩句)를 해석하고, 그 풀이에 알맞은 그림을 그려 보시오.
『推句集』 정리하고 쉬어가기 −1

- 天高/日月明이요,　〈해석〉: _____
- 地厚/草木生이라.　〈해석〉: _____

♣ 〈고사성어〉 苛政猛虎　　苛 가혹할 가. 政 다스릴 정. 猛 사나울 맹. 虎 호랑이 호.　•출전『예기』

〈뜻풀이〉 가혹한 정치는 범의 폐해보다 더 무섭다는 뜻으로, 가혹한 정치의 해로움을 말함.

〈유래〉 중국 춘추시대에 노나라는 관리들의 수탈로 백성들의 삶이 몹시 힘들었다.
　어느 날, 공자가 제자들과 태산 기슭을 지나가는데 어떤 부인이 길가 풀숲의 무덤가에서 구슬피 울고 있었다. 공자는 자로에게 부인의 사연을 알아오라고 하였다. 그 부인은 다음과 같이 대답하였다.
　"여기는 아주 무서운 곳입니다. 수년 전에 시아버지가 호랑이에게 물려가 돌아가셨고, 작년에는 남편도 그렇게 죽었습니다. 그런데 이번에는 자식까지 호랑이에게 화를 당해 죽었지요."
　"그런데 왜 다른 곳으로 이사를 가지 않으십니까?"
　"여기에 살면 엄청나게 나오는 세금을 내지 않아도 되고, 또 관리들에게 재물을 빼앗기는 일은 없답니다."
　자로가 돌아가서 스승에게 보고하니, 공자는 제자들에게 이렇게 말했다.
　"잘 기억해 두어라. '가혹한 정치는 호랑이의 폐해보다 더 무섭다'는 것을…."

♣ **아래의 빈칸을 채우고, 〈읽기〉 부분을 소리 내어 읽어보시오.**

『推句集』 쓰기 −2

〈읽기〉 **월출/천개안**이요	달이 떠오르니 밤하늘이 눈을 떴고,				
〈구절풀이 순서〉 　　1　2　3　5　4 • 月 出 天 開 眼	月	出	天	開	眼
	달 **월**	날 **출**	하늘 **천**	열 **개**	눈 **안**

〈읽기〉 **산고/지거두**라	산이 높으니 땅이 머리를 들었네!				
〈구절풀이 순서〉 　　1　2　3　5　4 • 山 高 地 擧 頭	山	高	地	擧	頭
	산 **산**	높을 **고**	땅 **지**	들 **거**	머리 **두**

_____ 년 _____ 월 _____ 일 ㊞

♣ 아래의 시구(詩句)를 해석하고, 그 풀이에 알맞은 그림을 그려 보시오.
『推句集』 정리하고 쉬어가기 -2

- 月出/天開眼이요, 〈해석〉: _____

- 山高/地擧頭라. 〈해석〉: _____

♣ 〈고사성어〉 刻舟求劍   刻 새길 각. 舟 배 주. 求 구할 구. 劍 칼 검.   ・출전『여씨춘추』

〈뜻풀이〉 강에 빠뜨린 칼의 위치를 배에 새기고 칼을 찾는다는 뜻으로, 상황의 변화에
적절히 대응하지 못하는 미련함을 비유함.

〈유래〉 중국 초나라의 어떤 사람이 양쯔강(揚子江)을 건너가는 배를 탔다. 배가 강의 한복판을 지나갈 때 그만 손에 쥔 칼을 놓쳐 강물 속으로 빠뜨려버렸다.
　아뿔싸! 이를 어쩌나?
　젊은이는 다급해져 허리춤의 단검으로 칼을 떨어뜨린 곳의 뱃전에 표시를 해두었다.
　이윽고 배가 건너편 나루터에 닿자, 곧바로 옷을 벗어 던지고 표시해둔 뱃전의 강물 속으로 뛰어 들어가 칼을 찾았으나 칼은 보이지 않았다.

♣ **아래의 빈칸을 채우고, 〈읽기〉 부분을 소리 내어 읽어보시오.**

『推句集』 쓰기 -3

〈읽기〉 **동서/기만리**요   　　　동쪽과 서쪽의 거리는 몇 만 리쯤일까?

〈구절풀이 순서〉

• 東 西 幾 萬 里
　1　2　　3

東	西	幾	萬	里
동녘 **동**	서녘 **서**	몇 **기**	일만 **만**	거리 **리**

〈읽기〉 **남북/불능척**이라   　　　남쪽과 북쪽의 거리도 잴 수가 없구나!

〈구절풀이 순서〉

• 南 北 不 能 尺
　1　　4　3　2

南	北	不	能	尺
남녘 **남**	북녘 **북**	아닐 **불**	~할 **능**	자·잴 **척**

_____ 년 월 일 ㊞

♣ 아래의 시구(詩句)를 해석하고, 그 풀이에 알맞은 그림을 그려 보시오.
『推句集』 정리하고 쉬어가기 -3

- 東西/幾萬里요,   〈해석〉: _____
- 南北/不能尺이라.   〈해석〉: _____

♣ 〈고사성어〉 乾坤一擲   乾 하늘 건. 坤 땅 곤. 一 한 일. 擲 던질 척.   ·출전 〈한유「과홍구」시〉

〈뜻풀이〉 하늘과 땅을 걸고 한 번 주사위를 던진다는 뜻으로, 운명과 흥망을 걸고 단판걸이로
승부나 성패를 겨룬다는 말.

〈유래〉 진나라를 멸망시키고 난 뒤 천하를 다투던 초패왕(楚覇王) 항우(項羽)와 한왕(漢王) 유방(劉邦)은 홍구에서 대치하였다. 그 후 평화 협정을 맺어 항우는 포로였던 유방의 아버지와 아내를 살려보내고 팽성으로 군사를 철수시켰다. 유방도 군대를 물리려 하는데 참모인 쟝량과 진평이 말하였다.
"한나라는 천하의 태반을 차지하고 제후들도 따르고 있습니다. 초나라는 군사들이 몹시 지쳐 있고 군량미도 바닥이 난 상황입니다. 이것은 초나라를 멸하려는 하늘의 뜻으로 보이니 당장 쳐부숴야 합니다. 지금 그렇게 하지 못하면 '호랑이를 길러 후환을 남기는 꼴'이 될 것입니다."
이 말을 받아들인 유방은 말머리를 돌려 항우를 추격했다. 이듬해 한신과 팽월 등의 한나라 군대는 해하에서 초나라 군사를 포위하고 '사면 초가'의 작전을 폈고, 초패왕 항우는 싸움에 져서 오강으로 달아나다 자결하였고, 유방은 중국을 통일하여 한나라 제국을 세웠다. 당나라 한유는 홍구 땅을 지나며 다음과 같은 시를 지었다.

용과 범이 피곤에 지쳐 강과 들을 나누니	龍疲虎困割川原 (용피호곤할천원)
억만창생의 목숨이 보전 되었네	億萬蒼生性命存 (억만창생성명존)
누가 왕의 말머리를 돌리도록 해	誰勸君王回馬首 (수권군왕회마수)
진정으로 한판의 운명을 걸도록 했는가	眞成一擲賭乾坤 (진성일척도건곤)

♣ **아래의 빈칸을 채우고, 〈읽기〉 부분을 소리 내어 읽어보시오.**

『推句集』 쓰기 -4

〈읽기〉 **천경/서북변**이요   하늘 쪽은 서북의 가장자리로 기울었고,

天	傾	西	北	邊
하늘 **천**	기울어질 **경**	서녘 **서**	북녘 **북**	가(가장자리) **변**

〈구절풀이 순서〉

• 天 傾 西 北 邊
  1 4 2 3

〈읽기〉 **지비/동남계**라   땅 쪽은 동남의 경계가 낮도다.

地	卑	東	南	界
땅 **지**	낮을 **비**	동녘 **동**	남녘 **남**	지경 **계**

〈구절풀이 순서〉

• 地 卑 東 南 界
  1 4 2 3

_____ 년 월 일 ㊞

♣ 아래의 시구(詩句)를 해석하고, 그 풀이에 알맞은 그림을 그려 보시오.
『推句集』 정리하고 쉬어가기 -4

- 天傾/西北邊이요. 〈해석〉: _____
- 地卑/東南界라. 〈해석〉: _____

♣ 〈고사성어〉 **結草報恩** 結 맺을 **결**. 草 풀 **초**. 報 갚을 **보**. 恩 은혜 **은**. ・출전 『춘추좌씨전』

〈뜻풀이〉 풀을 묶어서 은혜를 갚는다는 뜻으로, 죽어서도 은혜를 잊지 않고 갚음을 비유.

〈유래〉 진(晉)나라의 위무(魏武)라는 사람에게는 여러 부인이 있었다. 어느 날 위무는 병에 걸려 몸져눕게 되었다. 정신이 맑을 때 아들 위과(魏顆)를 불러 내가 죽으면 저 새어머니를 다른 사람에게 시집보내라고 말하였다. 그 뒤에 병이 깊어져 죽음에 이르게 되자 아들에게 내가 죽으면 저 새어머니를 함께 묻어달라고 유언을 하였다. 아버지가 죽음에 이르자 위과는 아버지가 정신이 맑았을 때의 분부를 받들어 새어머니를 개가(改嫁)시키기로 마음을 먹었다. 그리하여 새어머니를 개가(改嫁)시켜 아버지를 따라 죽게 하는 일을 면하게 하였다. 뒤에 위과는 전쟁(戰爭) 터에 나가게 되었는데 진(秦)나라의 두회(杜回)와 싸우다가 목숨이 위급한 상황에 처해 달아나는데, 쫓아오는 두회의 말이 풀밭에 나뒹굴어져 두회를 사로잡는 뜻밖의 큰 전공을 세웠다.
그날 밤, 위과가 꿈을 꾸는데 한 노인이 나타나서 나는 그대가 출가시켜 준 새어머니의 아비인데, 그대는 맑은 정신일 때의 아버님 유언(遺言)대로 내 딸을 출가시켜 주었소. 그 때부터 보답하려 했는데 은혜를 이제야 갚게 되었다고 하였다.

♣ **아래의 빈칸을 채우고, 〈읽기〉부분을 소리 내어 읽어보시오.**

『推句集』쓰기 -5

〈읽기〉 **춘 래** / **이 화 백** 이요	봄이 오니 배꽃이 피어 하얗고,

〈구절풀이 순서〉

    1   2   3   4   5
- 春 來 梨 花 白

春	來	梨	花	白
봄 **춘**	올 **래**	배나무 **리**	꽃 **화**	흰 **백**

〈읽기〉 **하 지** / **수 엽 청** 이라	여름이 다가오니 나뭇잎이 푸르러지는구나!

〈구절풀이 순서〉

    1   2   3   4   5
- 夏 至 樹 葉 靑

夏	至	樹	葉	靑
여름 **하**	이를 **지**	나무 **수**	잎 **엽**	푸를 **청**

_____ 년 _____ 월 _____ 일 ㊞

♣ 아래의 시구(詩句)를 해석하고, 그 풀이에 알맞은 그림을 그려 보시오.

『推句集』 정리하고 쉬어가기 -5

- 春來/梨花白이요. 〈해석〉: _____
- 夏至/樹葉靑이라. 〈해석〉: _____

♣ 〈고사성어〉 鷄口牛後   鷄 닭 **계**. 口 입 **구**. 牛 소 **우**. 後 뒤 **후**.   ・출전 『사기』

〈뜻풀이〉 닭의 부리가 될지언정 쇠꼬리는 되지 말라는 뜻으로, 큰 집단의 말석보다는
작은 집단의 우두머리가 낫다는 말.

〈유래〉 중국의 전국시대에 소진이라는 책략가가 있었다. 그는 진(秦)나라의 동진(東進) 정책에 한(韓), 위(魏), 조(趙), 연(燕), 제(齊), 초(楚)의 여섯 나라가 합종책(合縱策)으로 맞서야 한다고 주장하였다. 6국을 순방하던 중 한나라 선혜왕(宣惠王)을 뵙고 설득하였다.
 "임금의 한나라는 지세가 견고하고 군대도 강하다고 알려져 있습니다. 그런데 싸워보지도 않고 강한 진나라를 섬긴다면 천하의 비웃음을 살까 걱정입니다. 게다가 진나라는 계속해서 국토를 떼어 넘겨줄 것을 요구할 것입니다. 그러니 여섯 나라가 남북, 즉 세로[縱]로 힘을 합치는 합종책으로 진나라의 동진책을 막고 국토도 보존하십시오. '차라리 닭의 부리가 될지언정 소의 꼬리는 되지 말라'는 옛말도 있지 않습니까?"
 선혜왕은 소진의 합종설에 적극적으로 찬동하였다. 이런 방식으로 6국의 왕들을 설득하는 데 성공한 소진은 마침내 6국의 재상노릇을 하는 대정치가가 되었다.

_____ 년 _____ 월 _____ 일 ㊞

♣ **아래의 빈칸을 채우고, 〈읽기〉 부분을 소리 내어 읽어보시오.**

『推句集』쓰기 -6

〈읽기〉 **추량/황국발**이요	가을은 서늘하니 노란 국화가 피고,				
〈구절풀이 순서〉	秋	凉	黃	菊	發
1　2　3　4　5 • 秋 凉 黃 菊 發	가을 **추**	서늘할 **량**	누를 **황**	국화 **국**	필 **발**

〈읽기〉 **동한/백설래**라	겨울은 차가우니 흰 눈이 오는구나!				
〈구절풀이 순서〉	冬	寒	白	雪	來
1　2　3　4　5 • 冬 寒 白 雪 來	겨울 **동**	찰 **한**	흰 **백**	눈 **설**	올 **래**

♣ 아래의 시구(詩句)를 해석하고, 그 풀이에 알맞은 그림을 그려 보시오.
『推句集』 정리하고 쉬어가기 -6

- 秋凉/黃菊發이요,　〈해석〉: _____
- 冬寒/白雪來라.　〈해석〉: _____

♣ 〈고사성어〉 鷄肋　　鷄 닭 계. 肋 갈비 륵.　・출전『후한서』

〈뜻풀이〉 먹자니 먹을 것이 별로 없고 버리자니 아까운 닭갈비란 뜻으로,
　　　　쓸모는 별로 없으나 버리기는 아까운 사물을 비유.

〈유래〉 위(魏)나라 왕 조조(曹操)가 촉나라의 한중(漢中)으로 원정을 떠났다. 한중 땅의 유비(劉備)를 치기 위해서였다. 유비의 촉나라 군대는 제갈량(諸葛亮)의 계책대로 정면 대결을 피한 채 처음부터 위나라 군대의 식량보급로 차단에만 주력했다. 싸움이 장기화 되고 식량이 떨어지자 조조의 군사들은 도망자가 많이 생겼다. 그러던 어느 날, 조조는 군대 안에서 쓰는 암호로 "계륵(鷄肋)"을 사용하도록 하였다.
　왜 '계륵'이라는 암호를 써야 하는지 다들 영문을 모르고 있었는데 주부(主簿) 벼슬에 있는 양수(楊修)의 부대만 철군 준비를 하느라 짐을 싸고 있었다. 한 장수가 그 이유를 물으니 양수가 대답하였다.
　"닭갈비는 먹자니 먹을 게 별로 없고 버리자니 아까운 마음이 들지요. 왕께서 한중의 땅을 닭갈비처럼 생각하시니 곧 군대를 물릴 것 같습니다."
　과연 조조는 며칠 후 한중 땅으로부터 위나라 군대를 철수시켰다.

_____ 년 월 일 ㊞

♣ **아래의 빈칸을 채우고, 〈읽기〉 부분을 소리 내어 읽어보시오.**

『推句集』 쓰기 -7

〈읽기〉 **일월/천년경**이요	해와 달은 천년을 비춰오는 거울이고,				
〈구절풀이 순서〉 • 日 月 千 年 鏡 1 2 3 4 ·천년 - 아주 오랜 세월 동안.	日	月	千	年	鏡
	해 **일**	달 **월**	일천 **천**	해 **년**	거울 **경**
	日	月	千	年	鏡

〈읽기〉 **강산/만고병**이라	강과 산은 만고부터 펼쳐놓은 병풍이라네!				
〈구절풀이 순서〉 • 江 山 萬 古 屛 1 2 3 4 ·만고 - 아주 먼 옛날부터. ·병풍 - 바람을 막거나 무엇을 가리거나 또는 장식용으로 방 안에 치는 물건.	江	山	萬	古	屛
	강 **강**	산 **산**	일만 **만**	옛 **고**	병풍 **병**
	江	山	萬	古	屛

_____ 년 _____ 월 _____ 일 ㊞

♣ 아래의 시구(詩句)를 해석하고, 그 풀이에 알맞은 그림을 그려 보시오.

『推句集』 정리하고 쉬어가기 -7

- 日月/千年鏡 이요. 〈해석〉: _____
- 江山/萬古屛 이라. 〈해석〉: _____

♣ 〈고사성어〉 **鷄鳴拘盜**   鷄 닭 **계**. 鳴 울 **명**. 狗 개 **구**. 盜 훔칠 **도**.   ・출전『사기』

〈뜻풀이〉 닭의 울음 소리를 잘 내는 사람과 개 흉내를 잘 내는 좀도둑이라는 뜻으로, 천한 기능을 가진 사람도 때로는 쓸모가 있음을 비유.

〈유래〉 중국 전국 시대 때 제(齊)나라 정곽공은 여러 아들 중에 자질이 뛰어난 맹상군(孟嘗君)을 후계자로 삼았다. 설(薛) 땅의 영주가 된 맹상군은 하찮은 재주라도 쓸모가 있는 자라고 여기면 휘하에 두고 대접하였다. 그 중에는 '개의 흉내를 내며 좀도둑질 하는 사람'과 '닭 울음을 잘 내는 사람'도 있었다. 이 때 맹상군은 제나라의 정치에서 밀려나 있었는데, 진(秦)나라 소양왕(昭襄王)이 재상으로 삼으려고 불렀다. 맹상군은 소양왕을 뵙고 호백구라는 진귀한 갖옷을 예물로 바쳤으나, 신하들의 반대로 재상이 되지 못했다. 왕은 맹상군을 빈손으로 돌려보냈다가 후환이 닥칠까 두려워 결국 암살하기로 하였다. 이를 눈치 챈 맹상군은 소양왕이 끔찍이 사랑하는 부인에게 귀국할 수 있도록 도와 달라고 간청했다. 그러자 부인은 왕께 진상한 똑같은 호백구를 달라고 요구하였다. 맹상군은 천하에 하나 밖에 없는 호백구를 진상한터라 낙담하였다. 이 사실을 좀도둑의 재주가 있는 식객이 알고 궁중에 잠입해서 진상했던 그 호백구를 감쪽같이 훔쳐내 부인에게 건넸다. 소양왕은 총희가 간청하는 바람에 맹상군의 귀국을 허락하였다. 맹상군 일행은 귀국을 서두르며 국경인 함곡관(函谷關)으로 향했다. 뒤늦게 소양왕은 마음이 바뀌어 맹상군을 추격하도록 명령하였다. 한밤중에 도착한 함곡관은 새벽닭이 울 때까지 기다려야했다. 그때 닭 울음 흉내를 잘 내는 사람이 민가 쪽으로 사라지더니 첫 닭 울음소리가 들려왔다. 그러자 동네 닭들이 따라 울기 시작하여 무사히 관문을 통과해 추격병을 따돌릴 수 있었다.

년　월　일　㊞

♣ **아래의 빈칸을 채우고, 〈읽기〉 부분을 소리 내어 읽어보시오.**

『推句集』 쓰기 −8

〈읽기〉 **동서/일월문**이요　　　동쪽과 서쪽은 해와 달이 뜨고 지는 문이고,

〈구절풀이 순서〉
・ $\underset{1}{東}\ \underset{2}{西}\ \underset{3}{日}\ \underset{4}{月}\ \underset{5}{門}$

東	西	日	月	門
동녘 **동**	서녘 **서**	해 **일**	달 **월**	문 **문**

〈읽기〉 **남북/홍안로**라　　　남쪽과 북쪽은 기러기들이 지나는 길이라네!

〈구절풀이 순서〉
・ $\underset{1}{南}\ \underset{2}{北}\ \underset{3}{鴻}\ \underset{}{雁}\ \underset{4}{路}$

・홍안 − 큰 기러기와 작은 기러기를 아울러 이르는 말.

南	北	鴻	雁	路
남녘 **남**	북녘 **북**	큰기러기 **홍**	기러기 **안**	길 **로**

♣ **아래의 시구(詩句)를 해석하고, 그 풀이에 알맞은 그림을 그려 보시오.**

『推句集』 정리하고 쉬어가기 −8

- **東西**/日月門 이요, 〈해석〉: _____

- **南北**/鴻雁路 라. 〈해석〉: _____

♣ 〈고사성어〉 **孔子穿珠**   孔 성씨 **공**. 子 선생 **자**. 穿 꿸 **천**. 珠 구슬 **주**.   · 출전 『조정사원』

〈뜻풀이〉 공자가 남에게 물어서 구슬을 꿰었다는 뜻으로, 모르는 것을 자기보다 못한 사람에게 묻는 것은 부끄러움이 아니라는 말.

〈유래〉 공자(孔子)가 아홉 구비 굽은 구슬에 실을 꿰지 못해 애쓰는 것을 보고, 시골 아낙네가 개미 허리에 실을 매어 한쪽 구멍으로 들여보내고 반대쪽 구멍에 꿀을 발라놓으니, 그제서야 실로 구슬을 꿸 수 있었다고 한다.

♣ **아래의 빈칸을 채우고, 〈읽기〉 부분을 소리 내어 읽어보시오.**

『推句集』 쓰기 –9

〈읽기〉 **춘수/만사택**이요   봄에는 물이 사방의 연못에 가득차고,

〈구절풀이 순서〉
• 春¹ 水² 滿⁵ 四³ 澤⁴

春	水	滿	四	澤
봄 **춘**	물 **수**	찰 **만**	넉 **사**	연못 **택**

〈읽기〉 **하운/다기봉**이라   여름에는 구름이 기이한 봉우리를 많이 만드네.

〈구절풀이 순서〉
• 夏¹ 雲² 多⁵ 奇³ 峯⁴

夏	雲	多	奇	峯
여름 **하**	구름 **운**	많을 **다**	기이할 **기**	봉우리 **봉**

_____ 년 ____ 월 ____ 일 ㊞

♣ 아래의 시구(詩句)를 해석하고, 그 풀이에 알맞은 그림을 그려 보시오.

『推句集』 정리하고 쉬어가기 -9

- 春水/滿四澤이요, 〈해석〉: _____

- 夏雲/多奇峯이라. 〈해석〉: _____

♣ 〈고사성어〉 **瓜田李下**   瓜 외 **과**. 田 밭 **전**. 李 오얏 **리**. 下 아래 **하**.   · 출전 『문선』

〈뜻풀이〉 오이 밭에서 신을 고쳐 신지 말고, 오얏나무 아래서 갓을 고쳐 쓰지 말라는 뜻으로, 의심받을 짓은 처음부터 하지 말라는 말.

〈유래〉 중국 전국 시대 때, 제(齊)나라 위왕(威王)은 간신 주파호(周破湖)의 국정 농단으로 즉위한 지 9년이 되도록 나라를 다스릴 수 없었다. 왕의 후궁인 우희(虞姬)가 이런 상황을 위왕에게 아뢰었다.
"전하, 주파호는 속이 검은 사람이오니 그를 내치시고 북곽(北郭)선생과 같은 어진 선비를 등용하소서."
이런 사실을 알게 된 주파호는 우희와 북곽 선생이 옛날부터 좋아지내는 사이라고 모함하여 하옥되게 하였다. 이에 이미 주파호에게 매수된 관원은 죄를 억지로 꾸며내려고 했으나, 위왕은 그것이 우려되어 친히 우희를 국문하였다.
"저는 한마음으로 전하를 모셔왔는데 간신들의 모함에 빠졌습니다. 저는 결백합니다. 만약 저의 죄라고 한다면 그것은 '외 밭에서 신을 고쳐 신지 말고, 오얏나무 아래서 갓을 고쳐 쓰지 말라'는 말처럼 남에게 의심받을 일을 한 점과 제가 부덕해서 옥에 갇혀 있는데도 변호해 주는 사람이 없다는 점입니다. 제가 죽는다 해도 더 이상 변명하지 않을 것이니 주파호와 같은 간신들을 반드시 내치소서."
위왕은 우희의 충심어린 호소를 듣고 즉시 주파호 일당을 척결하고 어지러운 나라를 바로잡았다.

_____ 년   월   일 ㊞

♣ **아래의 빈칸을 채우고, 〈읽기〉 부분을 소리 내어 읽어보시오.**

『推句集』 쓰기 –10

〈읽기〉 **추월**/**양명휘**요	가을에는 달이 밝은 빛을 드날리고,				
〈구절풀이 순서〉 　　1　2　5　3　4 • 秋 月 揚 明 輝 ·드날리다 - 세력이나 명성 따위가 　　　　크게 드러나 널리 떨침.	秋	月	揚	明	輝
	가을 **추**	달 **월**	드날릴 **양**	밝을 **명**	빛날 **휘**

〈읽기〉 **동령**/**수고송**이라	겨울에는 산고개에 외로운 소나무가 빼어났네!				
〈구절풀이 순서〉 　　1　2　5　3　4 • 冬 嶺 秀 孤 松 ·외롭다 - 홀로 되거나 의지할 곳이 　　　　없어 쓸쓸함.	冬	嶺	秀	孤	松
	겨울 **동**	산고개 **령**	빼어날 **수**	외로울 **고**	소나무 **송**

_____년 _____월 _____일 ㊞

♣ 아래의 시구(詩句)를 해석하고, 그 풀이에 알맞은 그림을 그려 보시오.

『推句集』 정리하고 쉬어가기 -10

- 秋月/揚明輝요, 〈해석〉: _____
- 冬嶺/秀孤松이라. 〈해석〉: _____

♣ 〈고사성어〉 管鮑之交   管 성씨 관. 鮑 성씨 포. 之 갈 지. 交 사귈 교.   • 출전 『사기』

〈뜻풀이〉 관중과 포숙아 같은 사귐이란 뜻으로, 친구를 위하는 두터운 우정을 일컫는 말.

〈유래〉 중국 춘추 시대 때, 관중(管仲)과 포숙아(鮑叔牙)는 어려서부터 절친한 사이였다. 관중은 공자(公子) 규(糾)의 보좌관으로, 포숙아는 규의 이복 동생인 소백(小白)의 보좌관으로 있을 때 관중과 포숙아는 본의 아니게 정적이 되어, 관중은 한때 소백을 암살하려고 했다. 소백은 먼저 귀국하여 환공(桓公)이 되었고, 노나라에 머물러있는 공자 규의 처형과 관중의 압송(押送)을 요구했다. 환공이 관중을 죽이려 하자, 포숙아는 왕에게 천하의 으뜸이 되고자 하신다면 관중을 기용하라고 추천하였다. 재상이 된 관중은 능력을 유감없이 발휘하여 환공을 춘추시대의 첫 패자로 군림케 하였다. 이같은 관중의 성공은 포숙아의 변함없는 우정에서 출발하였다. 관중은 포숙아에 대해 이렇게 술회하였다.

"나는 젊어서 포숙아와 장사를 했는데 늘 이익금을 내가 더 많이 차지했다. 그러나 나를 욕심쟁이라고 하지 않은 것은 내가 가난하다는 걸 알았기 때문이다. 또 그를 위한 사업이 실패하여 궁지에 빠뜨린 일이 있었다. 그러나 나를 용렬하다고 여기지 않은 것은 일에는 성패(成敗)가 있다는 걸 알고 있었기 때문이다. 또 벼슬길에 나갔다가 물러나곤 했다. 나를 무능하다고 말하지 않은 것은 내게 운이 따르지 않았다는 걸 알고 있었기 때문이다. 어디 그뿐인가. 싸움터에서도 도망친 적이 한두 번이 아니었다. 그러나 겁쟁이라고 말하지 않는 것은 내게 노모가 계심을 알고 있었기 때문이다. 그러니 '나를 낳아 준 분은 부모님이시지만, 나를 알아준 이는 포숙아다.'"

_____ 년   월   일 ㊞

♣ **아래의 빈칸을 채우고, 〈읽기〉 부분을 소리 내어 읽어보시오.**

『推句集』 쓰기 –11

〈읽기〉 **일월/농중조**요   해와 달은 새장 안의 새요,

〈구절풀이 순서〉
　 1　2　3　4　5
• 日 月 籠 中 鳥

日	月	籠	中	鳥
해 **일**	달 **월**	대그릇 **롱**	가운데 **중**	새 **조**

〈읽기〉 **건곤/수상평**이라   하늘과 땅은 물 위의 부평초라네.

〈구절풀이 순서〉
　 1　2　3　4　5
• 乾 坤 水 上 萍

·부평초 - 물 위에 떠 있는 풀이라는 뜻으로, 정처 없이 떠돌아 다니는 신세를 이르는 말.

乾	坤	水	上	萍
하늘 **건**	땅 **곤**	물 **수**	위 **상**	부평초 **평**

_____ 년 _____ 월 _____ 일 ㊞

♣ **아래의 시구(詩句)를 해석하고, 그 풀이에 알맞은 그림을 그려 보시오.**

『推句集』 정리하고 쉬어가기 −11

- 日月/籠中鳥요.　〈해석〉: _____
- 乾坤/水上萍이라.　〈해석〉: _____

♣ 〈고사성어〉 **刮目相對**　刮 비빌 **괄**. 目 눈 **목**. 相 서로 **상**. 對 대할 **대**.　・출전『삼국지』

〈뜻풀이〉 눈을 비비고 본다는 뜻으로, 남의 학식이나 재주가 전에 비해 부쩍 는 것을 일컫는 말.

〈유래〉 중국 삼국시대(三國時代) 때, 오왕(吳王) 손권의 장수 중에 여몽(呂蒙)이라는 사람이 있었다. 그는 가난하여 배움이 없었으나 싸움에서 공을 세워 장군이 되었다. 어느 날 여몽은 손권으로부터 공부하라는 충고를 받았는데, 군대 일을 핑계 대며 바쁘다고 하니 손권이 말했다.
　"왕인 나보다 바쁘단 말인가? 난 잠들기 전에 반드시 독서를 한다."
　그래서 위험한 전쟁터에서도 '책을 손에서 놓지 않고' 학문에 정진했다. 그 후 학식이 높은 노숙이 여몽과 대화를 나누다가 그가 너무나 박식해진 데에 그만 놀라고 말았다.
　"여보게, 언제 그렇게 공부를 했나? 예전 오나라 때의 여몽이 아니구먼!"
　그러자 여몽은 이렇게 대꾸했다.
　"대체로 선비란 헤어진 지 사흘이 지나 다시 만나면 '눈을 비비고 대면할' 정도로 달라져야 하지 않겠나?"

_____ 년   월   일 ㊞

♣ **아래의 빈칸을 채우고,〈읽기〉부분을 소리 내어 읽어보시오.**

『推句集』쓰기 -12

〈읽기〉**백운**/**산상개**요	흰 구름은 산 위를 가려주는 양산이고,				
〈구절풀이 순서〉 　1　2　3　4　5 ● 白 雲 山 上 蓋 ·덮개 - 덮는 물건.	白	雲	山	上	蓋
	흰 **백**	구름 **운**	산 **산**	위 **상**	덮개 **개**

〈읽기〉**명월**/**수중주**라	밝은 달은 물속에 잠겨있는 구슬이라네.				
〈구절풀이 순서〉 　1　2　3　4　5 ● 明 月 水 中 珠 ·구슬 - 보석이나 진주 따위로 둥글게 　　　만든 물건. 흔히 장신구로 씀.	明	月	水	中	珠
	밝을 **명**	달 **월**	물 **수**	가운데 **중**	구슬 **주**

_____ 년 _____ 월 ____ 일 ㊞

♣ 아래의 시구(詩句)를 해석하고, 그 풀이에 알맞은 그림을 그려 보시오.
『推句集』 정리하고 쉬어가기 -12

- 白雲/山上蓋요.   〈해석〉: _____
- 明月/水中珠라.   〈해석〉: _____

♣ 〈고사성어〉 **狡兔三窟**   狡 교활할 **교**. 兔 토끼 **토**. 三 석 **삼**. 窟 구멍 **굴**.   ・출전『사기』

〈뜻풀이〉 꾀 많은 토끼는 굴을 세 개 파 놓는다는 뜻으로, 몸을 숨겨 재난을 피할 곳이 많다는 말.

〈유래〉 중국 전국시대 때, 풍환(馮驩)은 맹상군(孟嘗君)을 위해 세 개의 보호처를 만들어 주었다. 맹상군은 영지인 설(薛) 땅에서 사채놀이를 하였는데 풍환을 보내 고리대금을 거두어 필요한 것을 사오라고 하였다. 풍환은 현지에 도착하여 돈을 빌린 사람들을 모두 불러 모았습니다. 풍환은 돈을 빌려 쓴 증서를 맞추어 보고 갚을 수 있는 사람들에게는 받아내고, 갚기 어려운 사람들에게는 증서를 거두어 모두 불태워 빚을 탕감해주었다. 맹상군은 풍환이 빈손으로 돌아오자 못마땅해 하였다. 그러자 풍환이 말했다.
 "당신에게 부족한 것은 너그러운 마음입니다. 그 증서를 태워버리고 저는 당신을 위해 은의(恩義)를 사가지고 온 것입니다."
 시간이 흘러 맹상군은 제 민왕(泯王)의 노여움을 사 벼슬을 박탈당하고 설 땅으로 돌아가게 되었다. 이때 설 땅의 백성들은 멀리까지 마중 나와서 맹상군을 위로해 주었는데, 이것은 맹상군을 위해 풍환이 마련해준 첫 번째 보호처였다.
 풍환은 위(魏) 혜왕에게 가서 맹상군의 정치적 능력을 쓰도록 설득하였다. 위 혜왕은 맹상군에게 많은 예물을 보내 세 번이나 맞이하려고 했지만 풍환의 계책대로 굳이 사양하고 받지 않았다. 이 소문을 들은 민왕은 두려움을 느끼고 당장 사신을 보내 맹상군을 다시 재상으로 맞이하였으니, 이것이 두 번째 보호처였다.
 마지막으로 풍환은 설 땅에 제나라 선왕들의 종묘를 세우도록 맹상군에게 건의하였다. 맹상군의 영지에 종묘가 있는 한 왕이 군대를 함부로 들일 수 없기 때문이다.
 그래서 맹상군은 재상에 있는 동안 전혀 화를 입지 않았는데 모두 풍환의 덕이었다.

♣ 아래의 빈칸을 채우고, 〈읽기〉 부분을 소리 내어 읽어보시오.

『推句集』쓰기 －13

〈읽기〉 **월 위** / **우 주 촉**이요   달은 우주의 등불이요,

〈구절풀이 순서〉

• 月 爲 宇 宙 燭
  1 4 2   3

·우주 - 무한한 시간과 만물을 포함하고 있는 끝없는 공간의 총체.

月	爲	宇	宙	燭
달 **월**	될 **위**	집 **우**	집 **주**	등불 **촉**

〈읽기〉 **풍 작** / **산 하 고**라   바람은 산하의 북이라네.

〈구절풀이 순서〉

• 風 作 山 河 鼓
  1 4 2   3

·산하 - '산과 내'라는 뜻으로, 자연을 이르는 말.

風	作	山	河	鼓
바람 **풍**	지을 **작**	산 **산**	물 **하**	북 **고**

_____ 년 ___ 월 ___ 일 ㊞

♣ 아래의 시구(詩句)를 해석하고, 그 풀이에 알맞은 그림을 그려 보시오.

『推句集』 정리하고 쉬어가기 -13

- 月爲 / 宇宙燭이요.   〈해석〉: _____
- 風作 / 山河鼓라.   〈해석〉: _____

♣ 〈고사성어〉 鴝鵒學舌   鴝 구관조 **구**. 鵒 구관조 **욕**. 學 배울 **학**. 舌 혀 **설**.   • 출전『숙상자』

〈뜻풀이〉 자기의 주견이 없이 남의 흉내만 내는 것을 비꼬는 말.

〈유래〉 구욕이라는 새는 구관조를 말하는데 따뜻한 남쪽 지방에 산다. 그곳 사람들은 이 새를 그물로 산 채로 잡아 사람의 말하는 법을 훈련시키는데 한참이 지나면 사람의 말을 흉내 낼 줄 알게 된다. 그러나 단지 몇 마디 말을 흉내 내는 것으로 하루 종일 그 몇 마디 말만 되풀이할 뿐이다. 어느날 매미가 뜰에서 울고 있는데, 구욕새가 매미울음 소리를 듣고 비웃었다.
그러자 매미가 구욕새에게 말하였다.
 "네가 사람의 말을 할 줄 아니 참으로 좋구나! 그렇지만 네가 하는 말은 진정한 말은 아니지 않느냐. 어떻게 내 생각대로 마음대로 우는 나와 같을 수 있겠는가?"
 구욕새는 머리를 숙이며 부끄러워하였다. 이후로 다시는 사람의 말을 흉내내지 않았다고 한다.

_____ 년 · 월 · 일 ㊞

♣ **아래의 빈칸을 채우고, 〈읽기〉 부분을 소리 내어 읽어보시오.**

『推句集』 쓰기 -14

〈읽기〉 **월 위 / 무 병 선** 이요   둥근 달은 손잡이 없는 부채이고,

〈구절풀이 순서〉

　1　5　3　2　4
● 月 爲 無 柄 扇

· 자루 - 연장이나 기구 따위의 손잡이처럼 생긴 부분을 이르는 말.

· 부채 - 손으로 흔들어 바람을 일으키는 물건.

月	爲	無	柄	扇
달 **월**	될 **위**	없을 **무**	자루 **병**	부채 **선**

〈읽기〉 **성 작 / 절 영 주** 라   반짝이는 별은 끈 끊어져 흩어진 구슬이라네.

〈구절풀이 순서〉

　1　5　3　2　4
● 星 作 絶 纓 珠

· 갓끈 - 갓에 다는 끈.

星	作	絶	纓	珠
별 **성**	지을 **작**	끊어질 **절**	갓끈 **영**	구슬 **주**

_____ 년 _____ 월 _____ 일 ㊞

♣ 아래의 시구(詩句)를 해석하고, 그 풀이에 알맞은 그림을 그려 보시오.

『推句集』 정리하고 쉬어가기 -14

- 月爲/無柄扇이요, 〈해석〉: _____
- 星作/絶纓珠라. 〈해석〉: _____

♣ 〈고사성어〉 九牛一毛   九 아홉 구. 牛 소 우. 一 한 일. 毛 털 모.   •출전『보임안서』

〈뜻풀이〉 많은 소 중에서 뽑은 한개의 쇠털이라는 뜻으로, 많은 것 중에 가장 적은 것의 비유.

〈유래〉 중국 한(漢)나라 무제 때, 흉노(匈奴)를 정벌하러 나갔던 이릉(李陵)장군은 많은 수의 적을 감당해내지 못해 패했다. 그 후에 이릉이 흉노에게 투항하여 융숭한 대접을 받고 있다는 소문이 돌았다. 이에 한무제는 크게 노하여 이릉 일족(一族)을 참형에 시키라고 엄명을 내렸으나, 어느 누구도 이릉을 위해 변호하는 사람이 없었다.

보다 못한 사마천(司馬遷)이 변호를 하다가, 한무제의 노여움을 사 옥에 갇히고 남성의 생식기를 잘라 없애는 형벌을 받았다. 이에 남자로써 치욕을 느끼며, 임안이라는 사람에게 다음과 같은 편지글을 썼다.

"내가 법에 따라 사형을 받는다고 해도 그것은 한낱 '아홉 마리의 소 중에서 터럭 하나 없어지는 것'과 같을 뿐이니 나와 같은 존재는 땅강아지나 개미 같은 미물과 무엇이 다르겠나? 그리고 세상 사람들 또한 내가 죽는다 해도 절개를 위해 죽는다고 생각하기는커녕 나쁜 말하다가 큰 죄를 지어서 어리석게 죽었다고 여길 것이네."

사마천은 이런 수모를 당하면서도 부친 사마담(司馬談)의 '통사(通史)를 기록하라'는 유언 때문에 죽음을 뒤로하고 2년 후에 중국 최초의 기전체(紀傳體)의 역사서(歷史書)로 불후(不朽)의 명저(名著)인《사기》130여권을 완성하였다.

♣ **아래의 빈칸을 채우고, 〈읽기〉 부분을 소리 내어 읽어보시오.**

『推句集』 쓰기 −15

〈읽기〉 **운작 / 천층봉** 이요   구름은 겹겹이 층을 이뤄 봉우리를 만들고,

〈구절풀이 순서〉

• 雲 作 千 層 峰
  1 4 2 3

·천층 – 수없이 많이 포개어진 켜.

雲	作	千	層	峰
구름 **운**	지을 **작**	일천 **천**	층 **층**	봉우리 **봉**

〈읽기〉 **홍위 / 백척교** 라   무지개는 높다랗게 놓인 다리가 되었네.

〈구절풀이 순서〉

• 虹 爲 百 尺 橋
  1 4 2 3

·백척 – 백 자나 되는 높이. 꽤 높음.

虹	爲	百	尺	橋
무지개 **홍**	될 **위**	일백 **백**	자 **척**	다리 **교**

_____ 년 _____ 월 _____ 일 ㊞

♣ 아래의 시구(詩句)를 해석하고, 그 풀이에 알맞은 그림을 그려 보시오.

『推句集』 정리하고 쉬어가기 −15

- 雲作/千層峰이요, 〈해석〉: _____
- 虹爲/百尺橋라. 〈해석〉: _____

♣ 〈고사성어〉 **國士無雙**　國 나라 **국**. 士 선비 **사**. 無 없을 **무**. 雙 쌍 **쌍**.　•출전 『사기』

〈뜻풀이〉 나라에서 둘도 없는 뛰어난 인물이란 뜻.

〈유래〉 중국 초패왕 항우의 군대에 소속돼 있던 한신은 자기의 뜻을 펼 수 없게 되자 이탈하여 한나라 유방의 군대에 의탁하였다. 한나라 승상 소하(蕭何)는 한신의 능력을 알아보고 왕에게 추천하려했으나, 한신이 먼저 도망치고 말았다. 소하는 한신이 도망갔다는 보고를 받자마자 곧 말에 올라 그의 뒤를 쫓았다. 어떤 이가 그런 광경을 보고 소하도 도망갔다고 유방에게 고했다. 그러자 유방은 오른팔을 잃은 듯이 낙담을 하며 노여워하였다. 그런데 이틀 후에 소하가 돌아오니 유방은 기뻐하면서 한편으로는 화난 얼굴로 도망친 이유를 물었다.
"도망친 것이 아니라, 도망간 자를 잡으러 간 것입니다."
왕이 누구냐고 물으니 알지도 못하는 한신이라고 대답하니 왕이 말하였다.
"이제까지 열 명이 넘는 장수가 도망쳤지만, 경은 한 번도 뒤쫓은 적이 없는 걸로 아는데…."
"도망친 장수들이야 앞으로 얼마든지 얻을 수 있으나, 한신은 '나라 안에서 둘도 없는 선비'입니다. 만약 전하께서 이 곳에 머물러계신다면 한신같은 인물은 필요 없을 것이나, 동쪽으로 진출해 천하를 얻고자 하신다면 한신을 등용하소서."
왕은 한신을 장군으로 기용하겠다고 하니, 또 도망갈 것이라고 하자 대장군으로 임명하였다. 대장군이 된 한신은 진나라 이후의 혼란한 중국을 통일시키는데 큰 공을 세웠다.

___년 ___월 ___일 ㊞

♣ **아래의 빈칸을 채우고, 〈읽기〉 부분을 소리 내어 읽어보시오.**

『推句集』 쓰기 -16

〈읽기〉 **추엽/상전락**이요   가을 잎은 서리 앞에서 떨어지고,

秋	葉	霜	前	落
가을 **추**	잎 **엽**	서리 **상**	앞 **전**	떨어질 **락**

〈구절풀이 순서〉

   1 2 3 4 5
- 秋 葉 霜 前 落

·서리 - 대기 중의 수증기가 지상의 물체 표면에 얼어붙은 것.

〈읽기〉 **춘화/우후홍**이라   봄꽃은 비 맞은 뒤에 붉어지네.

春	花	雨	後	紅
봄 **춘**	꽃 **화**	비 **우**	뒤 **후**	붉을 **홍**

〈구절풀이 순서〉

   1 2 3 4 5
- 春 花 雨 後 紅

♣ **아래의 시구(詩句)를 해석하고, 그 풀이에 알맞은 그림을 그려 보시오.**

『推句集』 정리하고 쉬어가기 -16

- 秋葉/霜前落 이요. 〈해석〉: _____
- 春花/雨後紅 이라. 〈해석〉: _____

♣ 〈고사성어〉 **捲土重來**   捲 말 **권**. 土 흙 **토**. 重 거듭 **중**. 來 올 **래**.   • 출전 <두목 「제오강정」 시>

〈뜻풀이〉 흙먼지를 일으키며 다시 쳐들어온다는 뜻으로,
어떤 일에 실패한 뒤 다시 힘을 길러 그 일에 재차 착수함을 비유.

〈유래〉 중국 당나라 말기에 두목(杜牧)이 〈제오강정(題烏江亭)〉이란 시를 지었다.

승패는 병법가도 기약할 수 없으니	勝敗兵家不可期 (승패병가불가기)
수치를 안고 참을 줄 아는 것도 남아라네	包羞忍恥是男兒 (포수인치시남아)
강동의 젊은이들 중에는 준재가 많으니	江東子弟俊才多 (강동자제준재다)
흙먼지를 일으키며 다시 다투었더라면 알 수 없었을 텐데	捲土重來未可知 (권토중래미가지)

오강은 초패왕 항우가 자결한 곳이다. 한나라 왕 유방과 해하(현재의 안휘성 내)의 전투에서 패한 후 도망가다가, 이곳 오강의 관리자로부터 강동(양쯔강 하류의 남쪽)으로 돌아가 재기할 것을 권유를 받는다. 그러나 항우는 강동의 8,000여 젊은이들과 군사를 일으켜 함께 떠났다가 모두 잃고 혼자서 돌아가는데 이제 무슨 면목으로 그들의 부형을 대할 것인가 라는 말을 남기며 스스로 목숨을 끊어 31세로 생애를 마쳤다.

두목은 항우의 일을 애석히 여기며 이 시를 지었는데, 항우를 읊은 시 중에서 가장 유명하게 되었다.

_____ 년 _____ 월 _____ 일 ㊞

♣ **아래의 빈칸을 채우고, 〈읽기〉 부분을 소리 내어 읽어보시오.**

『推句集』쓰기 –17

〈읽기〉 **춘작/사시수**요   　　봄은 사계절의 첫째이고,

〈구절풀이 순서〉

• 春 作 四 時 首
　1　4　2　3

·사시 - 봄·여름·가을·겨울의 네 철.

春	作	四	時	首
봄 **춘**	될 **작**	넉 **사**	때 **시**	머리 **수**

〈읽기〉 **인위/만물령**이라   　　사람은 만물의 영장이라네!

〈구절풀이 순서〉

• 人 爲 萬 物 靈
　1　4　2　3

·영장 - 영묘한 힘을 가진 우두머리라는 뜻으로, '사람'을 이르는 말.

人	爲	萬	物	靈
사람 **인**	될 **위**	일만 **만**	물건 **물**	신령 **령**

_____ 년 _____ 월 _____ 일 ㊞

♣ 아래의 시구(詩句)를 해석하고, 그 풀이에 알맞은 그림을 그려 보시오.
『推句集』 정리하고 쉬어가기 -17

- 春作/四時首요. 〈해석〉: _____
- 人爲/萬物靈이라. 〈해석〉: _____

♣ 〈고사성어〉 錦衣夜行   錦 비단 금. 衣 옷 의. 夜 밤 야. 行 다닐 행.   • 출전 『사기』

〈뜻풀이〉 비단옷을 입고 밤길을 간다는 뜻으로, 자기가 아무리 잘 하여도 남이 알아주지 못한다는 말.

〈유래〉 중국 진(秦)나라의 도읍인 함양(咸陽)에 먼저 입성한 유방(劉邦)은 항우(項羽)가 올 때까지 궁궐을 보호하고 있었다. 항우는 먼저 3세 황제 자영(子嬰)을 죽이고, 아방궁(阿房宮)도 불태웠으며 창고에 봉인된 엄청난 양의 금은 보화(金銀寶貨)를 모두 차지하였다. 항우는 이제 전쟁도 끝났다고 생각하여 많은 보물과 미녀들을 거두어 고향땅으로 빨리 돌아가고 싶었다. 그런데 한생(韓生)이 충고의 말을 올렸다.
 "이곳 관중 땅은 사방이 산과 강으로 둘러싸인 요충지인데다 땅도 비옥합니다. 그러니 이곳에 도읍을 정하고 천하를 다스리소서"
 그러나 항우는 폐허로 변한 함양이 마음에 들 리가 없었다. 그보다도 하루라도 빨리 고향으로 돌아가 성공을 과시하고 싶었다.
 "부귀한 몸이 되었는데 고향으로 돌아가지 않는 것은 '비단옷을 입고 밤길을 나다니는 것'과 같으니 누가 알아주겠는가?"
 한생은 항우의 여린 마음을 알고 물러나와 이렇게 말했다.
 "초나라 사람은 원숭이에게 옷을 입히고 갓을 씌워 놓은 것처럼 지혜가 없다더니 과연 그 말대로군."
 항우는 이 말을 전해 듣고 크게 노하여 한생을 잡아다 삶아 죽였다.

_____ 년 _____ 월 _____ 일 ㊞

♣ **아래의 빈칸을 채우고, 〈읽기〉 부분을 소리 내어 읽어보시오.**

『推句集』 쓰기 –18

〈읽기〉 **수 화** / **목 금 토** 요

수성·화성·목성·금성·토성을 오행(五行)이라 하고,

水	火	木	金	土
물 **수**	불 **화**	나무 **목**	쇠 **금**	흙 **토**

〈구절풀이 순서〉

• 水 火 木 金 土
  1 2 3 4 5

·오행 - 우주 만물을 이루는 다섯 가지
      원소로, 금(金)·수(水)·목(木)·
      화(火)·토(土)를 이름.

〈읽기〉 **인 의** / **예 지 신** 이라

인·의·예·지·신을 오상(五常)이라 하네.

仁	義	禮	智	信
어질 **인**	옳을 **의**	예도 **례**	지혜 **지**	믿을 **신**

〈구절풀이 순서〉

• 仁 義 禮 智 信
  1 2 3 4 5

·오상 - 유학에서 사람이 지켜야 할
      다섯 가지 도리로, 인(仁)·의(義)·
      예(禮)·지(智)·신(信)을 이름.

♣ **아래의 시구(詩句)를 해석하고, 그 풀이에 알맞은 그림을 그려 보시오.**
『推句集』 정리하고 쉬어가기 -18

- 水火/木金土요,   〈해석〉: _____
- 仁義/禮智信이라. 〈해석〉: _____

♣ 〈고사성어〉 杞憂   杞 기나라 **기**. 憂 근심할 **우**.   •출전『열자』

〈뜻풀이〉 기나라 사람의 군걱정이란 뜻으로, 쓸데없는 걱정을 함을 비유.

〈유래〉 중국 기(杞)나라에 쓸데없는 걱정을 안고 사는 사람이 있었다. '하늘이 무너져 내리거나 땅이 꺼져버린다면 몸이 의지할 데가 없지 않겠는가?' 라며, 걱정 때문에 밤잠도 이루지 못하고 음식도 제대로 먹지 못했다. 그러자 걱정이 된 친구가 그에게 말했다.
  "하늘은 공기로 이루어져 있다네. 숨을 쉬는 공기 말일세. 그러니 하늘은 지붕처럼 무너져 내릴 리가 없지"
  "하늘이 과연 기가 쌓인 것이라면 해와 달이 떨어져 내리지 않겠는가?"
  "해와 달은 저 멀리서 빛을 낼 뿐이니 설령 떨어져 내린다 해도 다칠 염려는 없다네."
  "그럼, 땅은 꺼지지 않을까?"
  "땅은 흙으로 이루어져 빈틈없이 가득 차 있어서 밟거나 뛰어도 끄떡없다네."
  이 말을 듣고 그제야 비로소 마음을 놓았다고 한다.

_____ 년 _____ 월 _____ 일 ㊞

♣ **아래의 빈칸을 채우고, 〈읽기〉 부분을 소리 내어 읽어보시오.**

『推句集』 쓰기 −19

〈읽기〉 **천 지 인 / 삼 재** 요	하늘·땅·사람을 삼재라 하고,				
〈구절풀이 순서〉 　　1　2　3　　4 • 天 地 人 三 才 ·삼재 - 우주(宇宙)를 주장(主掌)하는 　삼원(三元)인 하늘과 땅과 사람을 　이르는 말.	天 하늘 **천**	地 땅 **지**	人 사람 **인**	三 석 **삼**	才 근본 **재**
〈읽기〉 **군 사 부 / 일 체** 라	임금·스승·부모를 한 몸으로 여기네.				
〈구절풀이 순서〉 　　1　2　3　4　5 • 君 師 父 一 體	君 임금 **군**	師 스승 **사**	父 아비 **부**	一 한 **일**	體 몸 **체**

53

_____ 년 _____ 월 _____ 일 ㊞

♣ 아래의 시구(詩句)를 해석하고, 그 풀이에 알맞은 그림을 그려 보시오.

『推句集』 정리하고 쉬어가기 -19

- **天地人/三才**요. 〈해석〉: _____
- **君師父/一體**라. 〈해석〉: _____

♣ 〈고사성어〉 **騎虎之勢**   騎 말탈 **기**. 虎 범 **호**. 之 갈 **지**. 勢 권세 **세**.   ・출전 〈수문제 황후 독고씨〉

〈뜻풀이〉 호랑이를 타고 달리는 기세라는 뜻으로,
무슨 일을 하다가 도중에 그만둘 수 없는 형편을 이르는 말.

〈유래〉 중국 남북조(南北朝) 시대 말엽에 북주(北周)의 선제(宣帝)가 죽으니, 재상 양견(楊堅)이 궁중에 들어가 나랏일을 총괄했다. 외척이지만 한족(漢族)인 그는 오랑캐인 선비족(鮮卑族)에게 빼앗긴 땅을 한족의 천하로 회복하겠다는 야심을 품고 있었는데, 마침 그 기회가 찾아온 것이다.
이미 남편 양견의 속마음을 알고 있던 독고(獨孤) 부인은 궁중으로 전갈을 보냈다.
"'범의 등에 올라타 달리는 형세'이므로 도중에 내리면 잡혀 먹히고 말 것입니다. 범과 끝까지 가지 않으면 안 되니, 부디 목적을 달성하소서."
독고 부인의 전갈에 용기를 얻어 양견은 스스로 황제의 자리에 올라 문제(文帝)라 칭하고, 수(隋)나라를 세웠다. 그후에 남조(南朝)의 진(陳)나라를 멸하고 마침내 중국을 통일하였다.

_____ 년 _____ 월 _____ 일 ㊞

♣ **아래의 빈칸을 채우고, 〈읽기〉 부분을 소리 내어 읽어보시오.**

『推句集』 쓰기 -20

〈읽기〉 **천 지** / **위 부 모** 요	하늘과 땅이 부모라면,				
〈구절풀이 순서〉 • 天 地 爲 父 母 1 2 4 3 ·부모 - 어버이. 아버지와 어머니.	天 하늘 **천**	地 땅 **지**	爲 할 **위**	父 아비 **부**	母 어미 **모**

〈읽기〉 **일 월** / **사 형 제** 라	해와 달은 형제와 같네.				
〈구절풀이 순서〉 • 日 月 似 兄 弟 1 2 4 3 ·형제 - 형과 아우.	日 해 **일**	月 달 **월**	似 같을 **사**	兄 형 **형**	弟 아우 **제**

_____ 년 _____ 월 _____ 일 ㊞

♣ 아래의 시구(詩句)를 해석하고, 그 풀이에 알맞은 그림을 그려 보시오.
『推句集』 정리하고 쉬어가기 -20

- 天地/爲父母요, 〈해석〉: _____
- 日月/似兄弟라. 〈해석〉: _____

♣ 〈고사성어〉 奇貨可居 奇 기이할 기. 貨 재화 화. 可 옳을 가. 居 살 거. • 출전 『사기』

〈뜻풀이〉 진귀한 물건이나 사람은 당장 쓸 곳이 없어도 훗날을 위해 잘 간직할 만하다는 말.

〈유래〉 중국 전국시대 말, 한(韓)나라의 상인 여불위(呂不韋)는 조(趙)나라의 한단(邯鄲)에 갔다가 우연히 진(秦)나라 소양왕(昭襄王)의 손자인 자초(子楚)가 인질로 잡혀있는 것을 알았다.
'이것이야말로 기이한 재화이니 사 두면 훗날 큰 이익을 얻게 되겠구나!'
여불위는 곧바로 자초를 찾아가서 다음과 같이 말하였다.
"귀공의 아버지 안국군(安國君)께서는 조만간에 소양왕의 뒤를 이어 왕위에 오르실 것입니다. 그런데 화양부인(華陽夫人)에게는 자식이 없으니, 귀공을 포함하여 20명의 왕자 중에서 태자를 세우겠지요. 솔직히 귀공은 결코 유리한 입장에 있지 않습니다."
"그러니 어쩌겠소?"
"걱정 마십시오. 저에게는 천금(千金)이 있습니다. 우선 화양부인에게 선물을 드려 환심을 사고, 또 널리 인재를 모으십시오. 저는 귀공이 진나라로 돌아갈 수 있도록 조나라의 고관들에게 손을 쓰겠습니다. 그리고 귀공과 함께 진나라로 가서 태자로 책봉되도록 힘을 쏟겠습니다."
"그렇게만 된다면 그대와 함께 진나라를 다스리도록 하겠소."
여불위는 자기의 아이를 밴 애첩까지 자초에게 갖다 바치며 그를 완전히 손아귀에 넣었다. 그 후에 재력과 언변으로 자초를 태자로 세웠고, 왕위에 오르자 재상이 되었다. 그의 애첩은 아들 정(政)을 낳았는데 뒤에 시황제(始皇帝)가 되었다.

_____ 년 _____ 월 _____ 일 ㊞

♣ **아래의 빈칸을 채우고, 〈읽기〉 부분을 소리 내어 읽어보시오.**

『推句集』 쓰기 −21

〈읽기〉 **부부/이성합**이요	남편과 아내는 두 집안의 성씨가 결합한 것이요,				
〈구절풀이 순서〉 • 夫婦 二 姓 合 1 2 3 4 ·부부 - 남편과 아내를 아울러 이르는 말.	夫	婦	二	姓	合
	지아비 **부**	지어미 **부**	두 **이**	성씨 **성**	합할 **합**
	夫	婦	二	姓	合

〈읽기〉 **형제/일기련**이라	형과 아우는 한 기운으로 연결돼 있다네.				
〈구절풀이 순서〉 • 兄弟 一 氣 連 1 2 3 4	兄	弟	一	氣	連
	형 **형**	아우 **제**	한 **일**	기운 **기**	이을 **련**
	兄	弟	一	氣	連

_____ 년 _____ 월 _____ 일 ㊞

♣ 아래의 시구(詩句)를 해석하고, 그 풀이에 알맞은 그림을 그려 보시오.

『推句集』 정리하고 쉬어가기 -21

- 夫婦/二姓合이요, 〈해석〉: _____
- 兄弟/一氣連이라. 〈해석〉: _____

♣ 〈고사성어〉 難兄難弟   難 어려울 난. 兄 맏 형. 難 어려울 난. 弟 아우 제.   · 출전 『세설신어』

〈뜻풀이〉 둘 중에 누가 더 낫다고 판단할 수 없는 경우에 쓰이는 말.

〈유래〉 후한(後漢) 말의 진식(陳寔)이라는 학자는 덕망이 매우 높았는데, 그의 아들인 진기(陳紀)와 진심(陳諶)까지 학식이 있어 삼군자(三君子)로 불리었다. 진기의 아들 진군(陳群)도 수재로서 재상(宰相)의 자리까지 올랐었다. 진군은 어렸을 때 진심의 아들 진충(陳忠)과 놀면서 서로 자기 아버지의 공적과 덕행이 더 높다고 따졌는데 결말이 나지 않았다. 그래서 할아버지인 진식에게 가서 여쭈었는데, '형이 낫다고 하기에도 어렵고, 아우가 낫다고 하기에도 어렵구나!' 라고 대답해 주었다.

_____ 년 _____ 월 _____ 일 ㊞

♣ **아래의 빈칸을 채우고, 〈읽기〉 부분을 소리 내어 읽어보시오.**

『推句集』 쓰기 -22

〈읽기〉 **부자**/**자당효**요   어버이는 사랑해주시고 자식은 마땅히 효도해야 하며,

父	慈	子	當	孝
아비 **부**	사랑할 **자**	자식 **자**	마땅 **당**	효도 **효**

〈구절풀이 순서〉

　　1 2 3 4 5
● 父 慈 子 當 孝

·효도 - 부모를 정성껏 잘 섬기는 일.

〈읽기〉 **형우**/**제역공**이라   형은 벗처럼 대해주고 아우는 또한 공대해야 한다네.

兄	友	弟	亦	恭
형 **형**	우애로울 **우**	아우 **제**	또 **역**	공손할 **공**

〈구절풀이 순서〉

　　1 2 3 4 5
● 兄 友 弟 亦 恭

·우애롭다 - 형제간 또는 친구간에 사랑이나 정분이 있음.

·공손하다 - 말이나 행동이 겸손하고 예의 바름.

·공대하다 - 상대편을 높이어 잘 대접함.

_____ 년 _____ 월 _____ 일 ㊞

♣ 아래의 시구(詩句)를 해석하고, 그 풀이에 알맞은 그림을 그려 보시오.

『推句集』 정리하고 쉬어가기 -22

- 父慈/子當孝요. 〈해석〉: _____
- 兄友/弟亦恭이라. 〈해석〉: _____

♣ 〈고사성어〉 南柯一夢   南 남녘 남. 柯 가지 가. 一 한 일. 夢 꿈 몽.   • 출전 『남가기』

〈뜻풀이〉 꿈과 같이 헛된 한때의 부귀와 영화라는 말.

〈유래〉 중국 당(唐)나라 때, 순우분(淳于棼)이란 사람이 어느 날 술에 취해 큰 홰나무 밑에서 잠이 들었는데, 남색 관복의 두 사나이가 왕이 보내 모시러 왔다고 말했다.

순우분이 홰나무 구멍 속으로 따라 들어가니, 국왕이 성문 앞에서 반갑게 맞아주었다. 순우분은 왕의 사위가 되어 궁궐에서 부귀영화를 누리며 남가태수가 되어 남가군을 잘 다스려 재상이 되었다. 그러나 때마침 침공해 온 적에게 참패하고, 아내마저 병이 들어 죽자 관직을 버리고 수도로 돌아왔다. 얼마 후 국왕은 수도를 옮길 조짐이 보인다며 먼저 순우분을 고향으로 돌려보냈다.

잠에서 깬 순우분은 꿈이 하도 생생하여 홰나무 뿌리 부분을 살펴보니 과연 구멍이 있었다. 그 구멍 안을 파보니 두 마리의 왕개미를 둘러싼 수많은 개미 무리가 있었다. 바로 이곳이 괴안국이었고, 왕개미는 국왕 내외였다. 또 거기서 남쪽으로 뻗은 가지의 구멍에도 개미떼가 있었는데 그곳은 바로 남가군이었다.

순우분이 개미 구멍을 원래대로 해놓았는데 그날 밤에 큰 비가 내렸다. 다음 날 구멍을 살펴보니 개미는 사라지고 흔적도 없었다. 수도를 옮길 조짐이라는 것은 바로 이 일이었던 것이다.

_____ 년 ___ 월 ___ 일 ㊞

♣ **아래의 빈칸을 채우고, 〈읽기〉부분을 소리 내어 읽어보시오.**

『推句集』 쓰기 -23

〈읽기〉 **부모**/**천년수** 요	부모님은 오래도록 수명을 누리셨으면 좋겠고,				
〈구절풀이 순서〉	父	母	千	年	壽
• 父母 千年 壽 　1　 2　 3	아비 **부**	어미 **모**	일천 **천**	해 **년**	목숨 **수**
	父	母	千	年	壽
·천년 - 오랜 세월.					

〈읽기〉 **자손**/**만세영** 이라	자손은 영원토록 영화를 누렸으면 한다네.				
〈구절풀이 순서〉	子	孫	萬	世	榮
• 子孫 萬世 榮 　1　 2　 3	자식 **자**	손자 **손**	일만 **만**	세대 **세**	영화 **영**
	子	孫	萬	世	榮
·만세 - 아주 오랜 세대.					

_____ 년 _____ 월 _____ 일 ㊞

♣ 아래의 시구(詩句)를 해석하고, 그 풀이에 알맞은 그림을 그려 보시오.

『推句集』 정리하고 쉬어가기 -23

- 父母/千年壽요.　　〈해석〉: _____
- 子孫/萬世榮이라.　〈해석〉: _____

♣ 〈고사성어〉 濫觴　　濫 넘칠 람. 觴 뿔술잔 상.　　· 출전 『순자』

〈뜻풀이〉 겨우 술잔을 띄울 만한 정도의 적은 물이란 뜻으로, 모든 사물의 시발점을 가리키는 말.

〈유래〉 공자의 제자 중에 나이가 가장 많은 자로(子路)는 용맹하고 행동이 거칠었지만 실천력이 있었다.
　어느 날 화려한 옷을 입고 나타난 자로를 보고 공자는 말했다.
　"양쯔강(揚子江)은 사천(四川)의 민산(岷山)에서 시작되어 흐르는 큰 강이다. 그러나 그 물줄기는 겨우 술잔을 띄울 만큼만 넘실거렸다. 그러던 것이 물길을 형성해 내려가면서 양도 많아지고 흐름도 빨라져 배를 타야만 강을 건널 수 있게 되고, 바람이라도 불면 배를 띄울 수가 없게 되었다. 이는 다 물의 양이 많아졌기 때문이니라."
　공자는 매사에 시초가 중요하다는 것을 제자에게 깨우쳐 주려 했던 것이다. 공자의 말을 들은 자로는 곧장 집으로 돌아가 옷을 갈아입었다고 한다.

♣ **아래의 빈칸을 채우고, 〈읽기〉 부분을 소리 내어 읽어보시오.**

『推句集』쓰기 -24

〈읽기〉 **애군**/**희도태**요   임금을 그리며 도가 행해져 편안하기를 바라며,

〈구절풀이 순서〉

• 愛君希希道泰
  2 1 5 3 4

愛	君	希	道	泰
사랑 **애**	임군 **군**	바랄 **희**	도 **도**	편안할 **태**

〈읽기〉 **우국**/**원년풍**이라   나라를 걱정하며 해마다 풍년 들기를 원하네.

〈구절풀이 순서〉

• 憂國願年豊
  2 1 5 3 4

憂	國	願	年	豊
근심 **우**	나라 **국**	원할 **원**	해 **년**	풍년 **풍**

_____ 년 월 일 ㊞

♣ 아래의 시구(詩句)를 해석하고, 그 풀이에 알맞은 그림을 그려 보시오.
『推句集』 정리하고 쉬어가기 -24

- 愛君/希道泰요, 〈해석〉: _____
- 憂國/願年豊이라. 〈해석〉: _____

♣ 〈고사성어〉 老馬之智　老 늙을 로. 馬 말 마. 之 ~의 지. 智 슬기 지.　·출전 『한비자』

〈뜻풀이〉 늙은 말의 지혜란 뜻으로, 연륜이 깊으면 나름의 장점과 특기가 있게 된다는 말.

〈유래〉 중국 춘추 시대, 제(齊) 환공(桓公)은 재상 관중(管仲)과 대부 벼슬의 습붕(隰朋)을 데리고 고죽국(현재 하북성 내)을 정벌하였는데 전쟁이 길어져서 그 해 겨울에야 끝이 났다. 정벌을 마치고 혹한 속에서 지름길로 귀국하다가 그만 길을 잃고 말았다. 모든 군사가 움직이지 못하고 추위에 떨고 있을 때 관중이 말했다.
　"이럴 때는 늙은 말의 지혜가 필요하다."고 말하고는 즉시 늙은 말 한 마리를 풀어놓고 모든 군사들에게 뒤를 따라 행군하게 하였다. 얼마 안 되어 큰길이 나타났다.
　또 한 번은 산길을 행군하다 마실 물이 떨어졌다. 모든 군사가 갈증에 시달리자 습붕이 말했다.
　"개미는 여름에는 산 북쪽에 집을 짓고 살고, 겨울에는 산 남쪽의 양지 바른 곳에 집을 짓는다. 개미집이 있는 곳의 땅 속 일곱 자쯤에 물이 있는 법이다."
　군사들이 개미집을 찾아 그곳을 파 내려가니 과연 샘물이 솟아났다.
　《한비자》라는 책에는 이렇게 쓰여 있다.
　"관중의 총명함과 습붕의 지혜로움을 가지고도 모르는 것은 늙은 말과 개미를 스승삼아 배웠으나 그것을 수치로 여기지 않았다. 그런데 지금의 사람들은 자신이 어리석음에도 성현의 지혜를 배우려 하지 않으니 이것은 잘못된 일이 아닌가?"

_____ 년   월   일 ㊞

♣ **아래의 빈칸을 채우고, 〈읽기〉 부분을 소리 내어 읽어보시오.**

『推句集』쓰기 -25

〈읽기〉 **처 현 / 부 화 소** 요	아내가 어질면 남편의 허물은 적어지고,				
〈구절풀이 순서〉	妻	賢	夫	禍	少
1 2 3 4 5 • 妻 賢 夫 禍 少	아내 **처**	어질 **현**	남편 **부**	허물 **화**	적을 **소**

〈읽기〉 **자 효 / 부 심 관** 이라	자식이 효도하면 부모의 마음은 너그러워진다네.				
〈구절풀이 순서〉	子	孝	父	心	寬
1 2 3 4 5 • 子 孝 父 心 寬	자식 **자**	효도 **효**	부모 **부**	마음 **심**	너그러울 **관**

♣ 아래의 시구(詩句)를 해석하고, 그 풀이에 알맞은 그림을 그려 보시오.

『推句集』 정리하고 쉬어가기 -25

- 妻賢/夫禍少요. 〈해석〉: _____
- 子孝/父心寬이라. 〈해석〉: _____

♣ 〈고사성어〉 累卵之危   累 쌓을 루. 卵 알 란. 之 갈 지. 危 위태할 위.   • 출전 『사기』

〈뜻풀이〉 포개놓은 알처럼 무너지기 쉽고 위태로운 상태라는 뜻.

〈유래〉 중국 전국시대, 위(魏)나라의 범저(范雎)는 말재주로 제후들을 설득시키는 외교가였다.
　처음에 범저는 무명으로 자기의 뜻을 펼 수가 없었다. 그래서 제(齊)나라에 사신으로 가는 중대부(中大夫) 수가(須賈)를 따라갔는데 수가보다 많은 인기를 얻게 되었다. 수가는 귀국하여 재상에게 범저가 제나라와 내통했다고 고발하였다. 범저는 고문을 모질게 당한 후 거적에 말려 변소에 버려졌으나, 옥졸을 설득하여 탈옥에 성공하였다. 정안평(鄭安平)이라는 후원자를 만나 그의 집에 숨어살며, 이름도 장록(張祿)으로 바꾸고 망명할 기회만 노리고 있었다. 그 때 진(秦)나라에서 사신이 왔는데 정안평이 몰래 왕계(王稽)를 찾아가 장록을 추천하여 진나라 소양왕(昭襄王)을 뵈었다. 왕계는 장록을 왕에게 이렇게 소개했다.
　"위나라의 장록 선생은 천하의 외교가인데 진나라의 정치를 '알을 쌓아 놓은 것처럼 위태롭다.'고 평했습니다. 선생은 자신이 기용되면 나라가 태평하고 백성들이 편안할 것이라고 합니다."
　소양왕은 불쾌하였지만 인재가 부족하였기에 일단 등용하였는데, 범저(장록)는 진가를 발휘하였다.

♣ **아래의 빈칸을 채우고, 〈읽기〉 부분을 소리 내어 읽어보시오.**

『推句集』쓰기 -26

〈읽기〉 **자 효 / 쌍 친 락** 이요   자식이 효도하면 두 분 어버이께서 기뻐하시고,

〈구절풀이 순서〉

• 子 孝 雙 親 樂
  1 2 3 4

子	孝	雙	親	樂
자식 **자**	효도 **효**	짝 **쌍**	어버이 **친**	기쁠 **락**

· 쌍친 - 부친과 모친을 아울러 이르는 말.

〈읽기〉 **가 화 / 만 사 성** 이라   집안이 화목하면 모든 일들이 이루어진다네.

〈구절풀이 순서〉

• 家 和 萬 事 成
  1 2 3 4

家	和	萬	事	成
집 **가**	화할 **화**	일만 **만**	일 **사**	이룰 **성**

· 만사 - 여러 가지 온갖 일.

_____ 년 _____ 월 _____ 일 ㉘

♣ 아래의 시구(詩句)를 해석하고, 그 풀이에 알맞은 그림을 그려 보시오.

『推句集』정리하고 쉬어가기 −26

- 子孝/雙親樂이요, 〈해석〉: _____

- 家和/萬事成이라. 〈해석〉: _____

♣ 〈고사성어〉 多岐亡羊   多 많을 다. 岐 가닥나뉠 기. 亡 잃을 망. 羊 양 양.   • 출전 『열자』

〈뜻풀이〉 달아난 양을 찾는데 길이 여러 갈래로 갈려서 양을 잃었다는 뜻으로,
학문의 길이 많아 진리를 찾기 어렵다는 말.

〈유래〉 양주(楊朱)는 극단적인 개인주의를 주장했던 전국시대의 사상가다.
어느 날 이웃집의 양 한 마리가 달아났는데 이웃집 하인들까지 동원하여 많은 사람들이 양을 찾으러 나섰다. 하도 소란스러워서 양주가 하인에게 물었다.
"양 한 마리 찾는데 왜 많은 사람들이 동원됐느냐?"
하인은 양이 달아난 쪽에 갈림길이 많았다고 대답했다. 얼마 후 모두들 도망간 양을 찾지도 못하고 돌아왔는데 그 이유를 물으니 하인들이 대답했다.
"예, 큰 길에는 갈림길이 많아서 달아난 양을 도무지 찾을 수가 없었습니다."
그 얘기를 듣고 양주는 말없이 우울한 얼굴로 지냈는데, 현명한 제자가 선생의 침묵을 다음과 같이 말해주었다.
"큰 길은 갈림길이 많아 양을 잃어버리고, 학자들은 다방면으로 배우느라 본성을 잃어버린다. 선생님께서는 학문의 근본도 원래 하나여서 그 근본으로 되돌아간다면 얻는 것도 잃을 것도 없다고 생각하시며 근본을 잃어버린 현실을 안타까워하시는 것이라네."

♣ **아래의 빈칸을 채우고, 〈읽기〉 부분을 소리 내어 읽어보시오.**

『推句集』쓰기 -27

〈읽기〉 **사가/청소립**이요	맑은 밤에는 서성이며 집안을 생각하고,				
〈구절풀이 순서〉 　5　4　1　2　3 • 思家淸宵立	思	家	淸	宵	立
	생각 **사**	집 **가**	맑을 **청**	밤 **소**	설 **립**

〈읽기〉 **억제/백일면**이라	대낮에는 졸면서도 아우들을 기억한다네.				
〈구절풀이 순서〉 　5　4　1　2　3 • 憶弟白日眠	憶	弟	白	日	眠
	생각할 **억**	아우 **제**	흰 **백**	해 **일**	졸 **면**

_____ 년 _____ 월 _____ 일 ㊞

♣ 아래의 시구(詩句)를 해석하고, 그 풀이에 알맞은 그림을 그려 보시오.

『推句集』 정리하고 쉬어가기 −27

- 思家/淸宵立이요, 〈해석〉: _____
- 憶弟/白日眠이라. 〈해석〉: _____

♣ 〈고사성어〉 **多多益善**   多 많을 다. 多 많을 다. 益 더욱 익. 善 좋을 선.   ·출전『사기』

〈뜻풀이〉 많으면 많을수록 더욱 좋다는 말.

〈유래〉 한(漢)나라를 세운 유방(劉邦)은 천하 통일에 으뜸의 공을 세운 한신(韓信)을 매우 두려워하였다. 그래서 계략으로 한신을 체포하여 초왕(楚王)에서 회음후(淮陰侯)로 좌천시켜버리고 도읍인 장안(長安)을 벗어나지 못하게 하였다.
　어느 날, 유방은 한신과 여러 장군들의 능력을 이야기하다가 이렇게 물었다.
"과인은 얼마의 군사를 통솔할 수 있겠는가?"
"말씀드리기 황공하지만 폐하께서는 한 10만의 병사 정도를 거느릴 수 있으실 것입니다."
"그대는 얼마 쯤 거느릴 수 있는가?"
"예, 신은 많으면 많을수록 좋습니다."
고조는 한바탕 웃고 나서 물었다.
"그렇다면 어찌하여 10만 정도의 병사 밖에 거느릴 수 없는 과인에게 포로가 되었는가?"
한신은 이렇게 대답했다.
"폐하께서는 병사를 거느리는 장수가 아니라, 장수를 통솔하는 장수이시기 때문에 폐하의 포로가 된 것입니다."

_____ 년   월   일 ㊞

♣ **아래의 빈칸을 채우고,〈읽기〉부분을 소리 내어 읽어보시오.**

『推句集』쓰기 −28

〈읽기〉 **가 빈 / 사 현 처** 요   집안이 곤궁하면 어진 아내 얻기를 생각하고,

〈구절풀이 순서〉

   1 2 5 3 4
• 家 貧 思 賢 妻

·곤궁하다 - 가난하여 살림이 구차함.
　　　　　처지가 이러지도 저러지도
　　　　　못하게 난처하고 딱함.

家	貧	思	賢	妻
집 **가**	곤궁할 **빈**	생각 **사**	어질 **현**	아내 **처**

〈읽기〉 **국 란 / 사 양 상** 이 라   나라가 어지러우면 훌륭한 재상의 다스림을 생각한다네.

〈구절풀이 순서〉

   1 2 5 3 4
• 國 亂 思 良 相

·재상 - 임금을 돕고 모든 관원을
　　　 지휘하고 감독하는 일을
　　　 맡아보던 이품 이상의 벼슬아치.

國	亂	思	良	相
나라 **국**	어지러울 **란**	생각 **사**	좋을 **량**	재상 **상**

_____ 년 _____ 월 _____ 일 ㊞

♣ 아래의 시구(詩句)를 해석하고, 그 풀이에 알맞은 그림을 그려 보시오.
『推句集』 정리하고 쉬어가기 -28

- 家貧/思賢妻요,　　〈해석〉: _____

- 國亂/思良相이라.　〈해석〉: _____

♣ 〈고사성어〉 **斷機之戒**　　斷 끊을 **단**. 機 베틀 **기**. 之 ~는 **지**. 戒 훈계할 **계**.　　·출전 『열녀전』

〈뜻풀이〉 맹자의 어머니가 베틀로 짜고 있는 천을 끊어 훈계했다는 뜻으로,
학문을 중도에서 그만두면 아무 쓸모가 없다는 말.

〈유래〉 중국 전국 시대의 맹자는 유학을 떠나 있었는데 어머니가 보고 싶어 느닷없이 집으로 돌아와 버렸다. 그 때 맹자의 어머니는 베틀에 앉아 베를 짜고 있었다.
　"글을 많이 배웠느냐?"
　"별로 배우지 못했습니다."
　아들의 대답을 들은 어머니는 가위로 짜고 있던 베를 끊어 버리고 이렇게 말하였다.
　"네가 공부를 중단하고 돌아온 것은 내가 짜고 있는
천을 끊어 버린 것과 같다."
　이에 크게 반성한 맹자는 스승 밑에서 학문을
갈고닦아 공자(孔子)에 버금가는 이름난
유학자가 되었다.

♣ **아래의 빈칸을 채우고, 〈읽기〉 부분을 소리 내어 읽어보시오.**

『推句集』 쓰기 −29

〈읽기〉 **녹죽/군자절**이요	푸른 대는 군자의 절개요,				
〈구절풀이 순서〉 　　1　2　3　4 • 綠 竹 君 子 節 ·군자 - 행실이 점잖고 어질며 　　　덕과 학식이 높은 사람.	綠 푸를 **록**	竹 대 **죽**	君 임금 **군**	子 높임말 **자**	節 마디 **절**

〈읽기〉 **청송/장부심**이라	푸른 솔은 장부의 마음이라네.				
〈구절풀이 순서〉 　　1　2　3　4 • 靑 松 丈 夫 心 ·장부 - 건장하고 씩씩한 사내.	靑 푸를 **청**	松 소나무 **송**	丈 어른 **장**	夫 사나이 **부**	心 마음 **심**

_____ 년 _____ 월 _____ 일 ㊞

♣ 아래의 시구(詩句)를 해석하고, 그 풀이에 알맞은 그림을 그려 보시오.
『推句集』정리하고 쉬어가기 -29

- 綠竹 / 君子節 이요. 〈해석〉: _____
- 靑松 / 丈夫心 이라. 〈해석〉: _____

♣ 〈고사성어〉 斷腸   斷 끊을 단. 腸 창자 장.   • 출전 『세설신어』

〈뜻풀이〉 창자가 끊어졌다는 뜻으로, 마음이 몹시 슬프다는 말.

〈유래〉 중국 동진(東晉)의 환온(桓溫)이 촉(蜀) 땅을 정벌하기 위해 군사를 여러 척의 배에 나누어 싣고 양쯔강 중류의 삼협(三峽)을 통과할 때 있었던 일이다.
　환온의 부하 중 한 명이 원숭이 새끼 한 마리를 붙잡아서 배에 싣고 떠났다. 그런데 어미 원숭이가 배에 오르지 못하자 슬피 울부짖으며 강가의 절벽도 아랑곳하지 않고 필사적으로 계속 배를 쫓아왔다. 배가 한참 동안 나아간 뒤 강기슭에 닿자 어미 원숭이가 배에 뛰어올랐으나 곧 죽고 말았다.
　이에 어미 원숭이의 배를 갈라 보니 모든 창자가 토막토막 끊어져 있었다. 이 사실을 알게 된 환온은 크게 화를 내며 원숭이 새끼를 배에 실은 부하를 잡아다가 매질을 하고 내쫓아 버렸다고 한다.

_____ 년 _____ 월 _____ 일 ㊞

♣ **아래의 빈칸을 채우고, 〈읽기〉 부분을 소리 내어 읽어보시오.**

『推句集』 쓰기 -30

〈읽기〉 **인 심** / **조 석 변** 이요	사람의 마음은 아침저녁으로 변하지만,				
〈구절풀이 순서〉 　　1 2 3 4 5 ● 人 心 朝 夕 變	人	心	朝	夕	變
	사람 **인**	마음 **심**	아침 **조**	저녁 **석**	변할 **변**

〈읽기〉 **산 색** / **고 금 동** 이라	산의 빛깔은 예나 지금이나 같도다!				
〈구절풀이 순서〉 　　1 2 3 4 5 ● 山 色 古 今 同	山	色	古	今	同
	산 **산**	빛 **색**	옛 **고**	이제 **금**	같을 **동**

_____ 년 _____ 월 _____ 일 ㊞

♣ 아래의 시구(詩句)를 해석하고, 그 풀이에 알맞은 그림을 그려 보시오.

『推句集』 정리하고 쉬어가기 -30

- **人心/朝夕變**이요, 〈해석〉: _____

- **山色/古今同**이라. 〈해석〉: _____

♣ 〈고사성어〉 **螳螂拒轍**   螳 사마귀 **당**. 螂 사마귀 **랑**. 拒 막을 **거**. 轍 바퀴자국 **철**.   • 출전 『장자』

〈뜻풀이〉 사마귀가 앞발을 들고 수레바퀴를 가로막는다는 뜻으로,
자기의 분수를 모르고 상대가 되지 않는 사람이나 사물과 대적한다는 말.

〈유래〉 중국 춘추 시대, 제(齊)나라 장공(莊公)이 수레에 올라 사냥터로 가는데 웬 벌레 한 마리가 앞발을 들고 도끼를 휘두르듯이 수레바퀴로 덤벼드는 것을 보았다.
 "무슨 벌레인데 저렇게 무례한가?"
 수레를 따르던 신하가 대답했다.
 "사마귀라고 하는데 앞으로만 나아가고 뒤로는 물러설 줄을 모르는 놈입니다. 제 힘은 따질 줄 모르면서 강적에게 마구 덤벼드는 버릇이 있습니다."
 장공은 고개를 끄덕이며 이렇게 말했다.
 "만약 사마귀가 인간이었다면 천하무적의 용사였을 것이다. 비록 미물이지만 그 용기가 칭찬받을 만하니, 수레를 돌려 피해가도록 하라."

_____ 년 월 일 ㊞

♣ **아래의 빈칸을 채우고, 〈읽기〉 부분을 소리 내어 읽어보시오.**

『推句集』쓰기 -31

〈읽기〉 **강산**/**만고주**요	강산은 만고적부터 주인이지만,

江 山 萬 古 主

강 **강** | 산 **산** | 일만 **만** | 옛 **고** | 주인 **주**

〈구절풀이 순서〉
- 江¹ 山² 萬³ 古 主

·강산 - 강과 산이라는 뜻으로, 자연의 경치를 이르는 말.

·만고 - 매우 먼 옛날. 아주 오랜 세월 동안. 세상에 비길 데가 없음.

〈읽기〉 **인물**/**백년빈**이라	사람은 백 년 정도 살다가는 손님일 뿐이라네.

人 物 百 年 賓

사람 **인** | 물건 **물** | 일백 **백** | 해 **년** | 손님 **빈**

〈구절풀이 순서〉
- 人¹ 物² 百³ 年 賓

·인물 - 사람.

·백년 - 100년. 썩 많은 햇수나 세월.

_____ 년 _____ 월 _____ 일 ㊞

♣ 아래의 시구(詩句)를 해석하고, 그 풀이에 알맞은 그림을 그려 보시오.

『推句集』 정리하고 쉬어가기 −31

- 江山/萬古主요.　〈해석〉: _____
- 人物/百年賓이라.　〈해석〉: _____

♣ 〈고사성어〉 **大器晩成**　　大 큰 대. 器 그릇 기. 晩 늦을 만. 成 이룰 성.　•출전 『노자』

〈뜻풀이〉　큰 그릇은 늦게 만들어진다는 뜻으로,
　　　　　큰 사람이 되기 위해서는 많은 노력과 시간이 필요함을 나타내는 말.

〈유래〉 중국 삼국 시대, 위(魏)나라 장군 최염(崔琰)은 풍채 좋은 것으로 유명하였다. 그의 사촌 중에 최림(崔林)이라는 동생이 있었는데, 외모가 보잘 것이 없어서 일가친척들은 출세하지 못할 것이라고 푸대접을 하였다. 그렇지만 최염 장군은 최림의 인물됨을 꿰뚫어 보고 있었다.
"큰 종(鐘)이나 솥은 손쉽게 만들어지지 않지. 큰 인물도 대성하기까지는 오랜 시간이 걸리는 법이거든. 동생은 큰 그릇을 만들 때처럼 늦게 성공하는 유형이니 훗날 틀림없이 큰 인물이 될 걸세."
　그의 말대로 최림은 왕을 보필하는 삼공(三公) 중의 한 사람이 되었다.

_____ 년 _____ 월 _____ 일 ㊞

♣ **아래의 빈칸을 채우고, 〈읽기〉 부분을 소리 내어 읽어보시오.**

『推句集』 쓰기 –32

〈읽기〉 **세 사 / 금 삼 척** 이요   세상일은 석 자 거문고 줄에 실어 보내고,

〈구절풀이 순서〉

• 世 事 琴 三 尺
  1 2 5 3 4

·거문고 – 우리나라의 대표적인 현악기. 고구려 때(552년 경) 왕산악이 중국 진나라의 칠현금을 고쳐 만든 것이라고 함.

世	事	琴	三	尺
인간 **세**	일 **사**	거문고 **금**	석 **삼**	자 **척**

〈읽기〉 **생 애 / 주 일 배** 라   생애는 한 잔 술로 달래네.

〈구절풀이 순서〉

• 生 涯 酒 一 盃
  1 4 2 3

·생애 – 살아 있는 한평생의 기간.

生	涯	酒	一	盃
살 **생**	물가 **애**	술 **주**	한 **일**	잔 **배**

_____ 년   월   일 ㊞

♣ 아래의 시구(詩句)를 해석하고, 그 풀이에 알맞은 그림을 그려 보시오.
『推句集』 정리하고 쉬어가기 -32

- 世事/琴三尺이요,   〈해석〉: _____

- 生涯/酒一盃라.   〈해석〉: _____

♣ 〈고사성어〉 同病相憐   同 한가지 **동**. 病 병들 **병**. 相 서로 **상**. 憐 불쌍할 **련**.   • 출전 『오월춘추』

〈뜻풀이〉 같은 처지에 있는 사람끼리 서로 가여워한다는 말.

〈유래〉 전국시대, 선왕을 시해하고 오(吳)나라의 왕이 된 합려(闔閭)는 자객을 천거해주고 반란에 적극적으로 협조한 오자서(伍子胥)를 등용하였다.
　오자서는 초나라의 사람 비무기(費無忌)의 모함으로 아버지와 관리였던 맏형이 처형당하자 복수심에 불타올라 오나라로 피신해 온 망명객이었다. 그래서 반란에 적극 협조한 것도 사실은 유능한 합려가 왕위에 올라 아버지와 형의 원수를 갚을 수 있기를 기대하였기 때문이다.
　백비(伯嚭)라는 사람도 비무기의 모함으로 아버지를 잃고 오나라로 피신해 왔다. 오자서는 자기와 처지가 비슷한 백비를 합려에게 천거하여 대부(大夫) 벼슬에 오르게 했다. 그러자 피리(被離)라는 대부에게 힐난을 받았다.
　"백비는 매의 눈을 가졌고 걸음걸이는 호랑이와 같으니, 이는 사람을 해칠 나쁜 상을 가졌는데 무슨 이유로 그런 인물을 천거하였소?"
　그러자 오자서는 대답하였다.
　"특별한 이유는 없습니다. 하상가(河上歌)에 '같은 병을 앓는 사람끼리 서로 위해주고, 같은 걱정이 있는 사람끼리 서로 구원해 준다.'는 말이 있듯이 처지가 비슷해서 돕는 것은 사람의 마음이 아니겠습니까?"
　그로부터 합려는 초나라를 공략하여 승리를 얻음으로써 오자서와 백비는 아버지와 형의 원수를 갚을 수 있었다. 그러나 오자서는 피리의 말과 같이 월(越)나라에 매수된 백비의 모함으로 결국 죽임을 당하고 말았다.

_____ 년 월 일 ㊞

♣ **아래의 빈칸을 채우고, 〈읽기〉 부분을 소리 내어 읽어보시오.**

『推句集』 쓰기 -33

〈읽기〉 **산정/사태고**요   산은 고요하니 태곳적과 같고,

〈구절풀이 순서〉

　　1　2　4　3
• 山 靜 似 太 古

·태고 - 아주 먼 옛날.

山	靜	似	太	古
산 **산**	고요할 **정**	같을 **사**	클 **태**	옛 **고**

〈읽기〉 **일장/여소년**이라   해는 생기발랄하니 소년과 같도다!

〈구절풀이 순서〉

　　1　2　4　3
• 日 長 如 少 年

·소년 - 젊은 나이. 또는 그런 나이의 사람.

日	長	如	少	年
해 **일**	자랄 **장**	같을 **여**	젊을 **소**	나이 **년**

_____ 년 _____ 월 _____ 일 ㊞

♣ 아래의 시구(詩句)를 해석하고, 그 풀이에 알맞은 그림을 그려 보시오.

『推句集』 정리하고 쉬어가기 -33

- 山靜/似太古요.　〈해석〉: _____
- 日長/如少年이라.　〈해석〉: _____

♣ 〈고사성어〉 登龍門　　오를 등. 龍 용 룡. 門 문 문.　• 출전 『후한서』

〈뜻풀이〉 용문에 오른다는 뜻으로, 입신출세의 관문을 가리키는 말.

〈유래〉 용문(龍門)은 황하(黃河)의 상류에 있는 협곡인데 물살의 흐름이 세차고 빨라서 큰 물고기라도 강물을 거슬러 올라가지 못한다고 한다. 그러나 일단 오르게 되면 용이 된다는 전설이 있다. 그래서 '용문에 오른다'는 말은 극한의 어려움을 돌파하고 약진의 기회를 얻었다는 말로 통하는데, 중국에서는 진사(進士) 시험 합격이 입신 출세의 첫걸음이라는 뜻으로 이 말을 사용했다.

　이 말의 반대말은 '점액(點額)'이라고 한다. '이마에 상처를 입는다'는 뜻으로, 용문에 오르려고 급한 물살을 타넘지 못하고 이마를 바위에 부딪쳐 상처만 입고 하류로 떠밀려가는 물고기를 말한다. 즉 출세의 경쟁에서 패하거나, 중요한 시험에서 낙방한 사람을 가리키는 말이 되었다.

　후한(後漢)의 환제(桓帝)때 정의파 관료로 이응이라는 사람이 있었는데 환관의 미움을 받아 투옥을 당했다. 그러나 후에 악랄한 환관 세력과 맞서 싸워 명성이 쌓여갔다. 태학(太學)의 학생들이 이응을 경모하여 천하의 본보기라고 평했으며, 신진 관료들도 이응의 추천을 최고의 명예로 여겨 '용문에 오른다'는 말을 사용하였다.

♣ **아래의 빈칸을 채우고, 〈읽기〉 부분을 소리 내어 읽어보시오.**

『推句集』쓰기 -34

〈읽기〉 **정리/건곤대**요   고요함 속에서 하늘과 땅의 큼을 알겠고,

〈구절풀이 순서〉

• 靜 裏 乾 坤 大
  1 2 3 4

·건곤 - 하늘과 땅을 아울러 이르는 말.

靜	裏	乾	坤	大
고요할 **정**	속 **리**	하늘 **건**	땅 **곤**	큰 **대**

〈읽기〉 **한중/일월장**이라   한가로움 속에서 세월의 깊음을 느끼네!

〈구절풀이 순서〉

• 閒 中 日 月 長
  1 2 3 4

·일월 - 해와 달. 또는 날과 달의 뜻으로, '세월'을 이르는 말.

閒	中	日	月	長
한가할 **한**	가운데 **중**	해 **일**	달 **월**	긴 **장**

_____ 년 _____ 월 _____ 일 ㊞

♣ 아래의 시구(詩句)를 해석하고, 그 풀이에 알맞은 그림을 그려 보시오.

『推句集』 정리하고 쉬어가기 －34

- 靜裏/乾坤大요,　　〈해석〉: _____
- 閒中/日月長이라.　〈해석〉: _____

♣ 〈고사성어〉 磨斧作針　　磨 갈 마. 斧 도끼 부. 作 지을 작. 針 바늘 침.　• 출전 『당서』

〈뜻풀이〉 도끼를 갈아서 바늘을 만든다는 뜻으로,
아무리 어려운 일이라도 꾸준히 노력하면 이룰 수 있다는 말.

〈유래〉 중국 당나라의 유명한 시인 이백(이태백)은 어린 시절을 촉(蜀) 땅의 성도(成都)에서 보냈다. 그때 상의산(象宜山)에 들어가 스승 밑에게 공부를 했는데, 싫증을 느껴 스승에게 인사도 드리지 않고 산을 내려갔다. 이백이 계곡을 건너려고 냇가에 이르니 어떤 할머니가 열심히 바윗돌에 도끼를 갈고 있었다.
"할머니, 도끼를 왜 갈고 계세요?"
"응, '도끼를 갈아서 바늘을 만들려고' 그런단다."
"에이, 도끼를 갈아서 바늘을 만든다고요?"
"그럼, 만들 수 있지. 중도에 그만두지만 않는다면…."
이백은 할머니의 중도에 그만두지만 않는다면 이라는 말에 생각을 바꾸어 공손히 절을 하고 오던 길을 되돌아 산으로 올라갔다. 그리고 가끔 마음이 해이해지면 열심히 도끼를 갈아 바늘을 만들려고 한 할머니를 떠올리며 분발했다고 한다.

___년 ___월 ___일 ㊞

♣ **아래의 빈칸을 채우고, 〈읽기〉 부분을 소리 내어 읽어보시오.**

『推句集』 쓰기 －35

〈읽기〉 **경전/매춘색**이요	밭을 갈면서 봄빛을 묻고,				
〈구절풀이 순서〉 　　2　1　5　3　4 • 耕 田 埋 春 色	耕	田	埋	春	色
	밭갈 **경**	밭 **전**	묻을 **매**	봄 **춘**	빛 **색**
	耕	田	埋	春	色

〈읽기〉 **급수/두월광**이라	물을 길으며 달빛도 퍼 올리네!				
〈구절풀이 순서〉 　　2　1　5　3　4 • 汲 水 斗 月 光 ·구기 - 술이나 기름, 죽 따위를 　　풀 때에 쓰는 기구로 자루가 　　국자보다 짧고, 바닥이 오목함.	汲	水	斗	月	光
	물길을 **급**	물 **수**	구기 **두**	달 **월**	빛 **광**
	汲	水	斗	月	光

_____ 년 월 일 ㊞

♣ **아래의 시구(詩句)를 해석하고, 그 풀이에 알맞은 그림을 그려 보시오.**

『推句集』 정리하고 쉬어가기 -35

- 耕田/埋春色 이요. 〈해석〉: _____
- 汲水/斗月光 이라. 〈해석〉: _____

♣ 〈고사성어〉 **望洋之歎**   望 바랄 **망**. 洋 큰바다 **양**. 之 ~의 **지**. 歎 감탄할 **탄**.   • 출전 『장자』

〈뜻풀이〉 넓은 바다를 보고 감탄한다는 뜻으로,
다른 사람의 위대함을 보고 자신의 미흡함을 부끄러워한다는 말.

〈유래〉 아주 오랜 옛날, 황하의 중류에 하백(河伯)이라는 신(神)이 살고 있었다. 어느 날 아침에 금빛으로 찬란히 빛나는 강물을 보며 감탄하였다.
"이런 큰 강은 어디에도 없을 것이야."
그러자 늙은 자라가 이 황하보다 더 큰 물이 있다고 말해주었다.
"그런 곳이 있다니 내 눈으로 보아야겠네."
하백은 북해를 구경하기로 하였다. 하백이 도착하니 북해의 신 약(若)이 반갑게 맞아 주었다. 약이 손들어서 허공을 가르자 파도는 가라앉았고, 눈앞에는 거울같이 맑은 바다가 한없이 펼쳐졌다. 하백은 이렇게 넓은 세상이 있는 데도 모르고 살아온 자신이 매우 부끄러웠다.
"저는 북해가 크다는 말을 듣고도 믿지 않았습니다. 나의 짧은 소견을 비로소 깨달았습니다."
북해의 신이 웃으며 말했다.
"이제까지 우물 안 개구리였던 셈이지요. 큰 바다가 있음을 몰랐다면 그대는 식견이 낮은 신으로 사물의 도리도 모를 뻔했소. 그런데 이제는 거기에서 벗어나게 되었군요."

86

_____ 년 _____ 월 _____ 일 ㊞

♣ **아래의 빈칸을 채우고, 〈읽기〉 부분을 소리 내어 읽어보시오.**

『推句集』 쓰기 -36

〈읽기〉 **서정/강상월**이요	서쪽 정자에서는 강위로 떠오르는 달을 보고,

<table>
<tr><td rowspan="2">〈구절풀이 순서〉

　　1　2　3　4　5
● 西 亭 江 上 月

·정자 - 경치가 좋은 곳에 놀거나
　　　 쉬기 위하여 지은 집으로,
　　　 벽이 없이 기둥과 지붕만 있음.</td><td colspan="5">西　亭　江　上　月</td></tr>
<tr>
<td>서녘 **서**</td><td>정자 **정**</td><td>강 **강**</td><td>위 **상**</td><td>달 **월**</td>
</tr>
</table>

〈읽기〉 **동각/설중매**라	동쪽 누각에서는 눈 속에 핀 매화를 감상하네!

<table>
<tr><td rowspan="2">〈구절풀이 순서〉

　　1　2　3　4　5
● 東 閣 雪 中 梅

·누각 - 사방을 바라볼 수 있도록
　　　 문과 벽이 없이 다락처럼
　　　 높이 지은 집으로, 이 층이나
　　　 삼 층으로 지은 한옥.</td><td colspan="5">東　閣　雪　中　梅</td></tr>
<tr>
<td>동녘 **동**</td><td>누각 **각**</td><td>눈 **설**</td><td>가운데 **중**</td><td>매화 **매**</td>
</tr>
</table>

_____ 년 ___ 월 ___ 일 ㊞

♣ 아래의 시구(詩句)를 해석하고, 그 풀이에 알맞은 그림을 그려 보시오.
『推句集』 정리하고 쉬어가기 −36

- 西亭/江上月이요. 〈해석〉: _____
- 東閣/雪中梅라. 〈해석〉: _____

♣ 〈고사성어〉 麥秀之嘆   麥 보리 **맥**. 秀 빼어날 **수**. 之 어조사 **지**. 嘆 탄식할 **탄**.   • 출전 『시경』

〈뜻풀이〉 보리 이삭이 무성함을 탄식한다는 뜻으로, 조국이 멸망한 것을 한탄한다는 말.

〈유래〉 중국 은(殷)나라의 왕 주(紂)가 주색잡기에 빠져 폭정을 일삼았다. 미자(微子), 기자(箕子), 비간(比干)이 충심으로 왕에게 자주 간언을 드렸으나 받아들여지지 않자 미자와 기자는 국외로 망명을 하였고, 왕자 비간은 끝까지 간하다가 극형을 당하여 죽고 말았다.

이윽고 은나라 왕 주는 서백(주나라 문왕)의 아들인 발(주나라 무왕)에게 주살(誅殺)을 당하고 새로 주나라 왕조가 세워졌다. 주나라 무왕(武王)은 은나라 왕조의 봉제사(奉祭祀)를 위해 미자를 송왕(宋王)으로 삼았다. 그리고 기자는 무왕을 보좌하게 한 뒤 조선왕(朝鮮王)으로 책봉하였다. 이에 앞서 기자는 무왕의 부름을 받고 주나라로 가던 중 은나라의 수도를 지나가게 되었는데 번화했던 모습은 없어지고 궁궐터엔 보리와 기장이 무성히 자라있었다. 그는 옛 생각에 젖어 시를 한 수 읊었다.

보리 이삭은 무럭무럭 패어나고　　麥秀漸漸兮 (맥수점점혜)
벼나 기장도 매끄럽게 윤기가 도네　禾黍油油兮 (화서유유혜)
미친 저 철부지가　　　　　　　　彼狡童兮 (피교동해)
내가 좋아함을 함께하지 않음이여　不與我好兮 (불여아호혜)

♣ **아래의 빈칸을 채우고, 〈읽기〉 부분을 소리 내어 읽어보시오.**

『推句集』 쓰기 -37

〈읽기〉 **음주/인안적**이요   술을 마신 사람의 얼굴은 붉어지고,

〈구절풀이 순서〉
　　2　1　3　4　5
• 飮 酒 人 顔 赤

飮	酒	人	顔	赤
마실 **음**	술 **주**	사람 **인**	얼굴 **안**	붉을 **적**
飮	酒	人	顔	赤

〈읽기〉 **식초/마구청**이라   풀을 뜯는 말의 주둥이는 푸르다네!

〈구절풀이 순서〉
　　2　1　3　4　5
• 食 草 馬 口 靑

食	草	馬	口	靑
먹을 **식**	풀 **초**	말 **마**	입 **구**	푸를 **청**
食	草	馬	口	靑

_____ 년 _____ 월 _____ 일 ㊞

♣ 아래의 시구(詩句)를 해석하고, 그 풀이에 알맞은 그림을 그려 보시오.
『推句集』 정리하고 쉬어가기 -37

- **飮酒/人顔赤**이요. 〈해석〉: _____
- **食草/馬口靑**이라. 〈해석〉: _____

♣ 〈고사성어〉 **孟母三遷**   孟 성씨 **맹**. 母 어미 **모**. 三 석 **삼**. 遷 옮길 **천**.   • 출전 『열녀전』

〈뜻풀이〉 맹자의 어머니가 아들의 교육을 위해 세 번 이사했다는 뜻으로,
자식을 위하는 숭고한 모정을 나타내는 말.

〈유래〉 전국 시대, 유교의 대학자인 맹자는 아버지를 일찍 여의고 홀어머니의 보살핌 속에서 자랐다.
　맹자네는 처음에 공동묘지의 근처에서 살았는데 아들은 죽은 사람을 묘지에 묻고 장례지내는 흉내를 내며 놀았다. 보고 배울 것이 없다고 생각하여 시장 근처로 이사를 하였다. 그런데 이번에는 물건을 사거나 파는 장사꾼의 흉내를 내었다. 이곳도 마음에 들지 않아서 서당이 있는 근처로 이사를 하였다.
　그러자 맹자는 제구(祭具)를 늘어놓고 제사를 흉내 내며 놀았다. 서당에서 유교의 예절을 가르치고 있었기 때문이다. 맹자 어머니는 여기가 자식을 기르기에 가장 알맞은 곳이라고 생각하였다.

_____ 년 ___ 월 ___ 일 ㊞

♣ **아래의 빈칸을 채우고, 〈읽기〉 부분을 소리 내어 읽어보시오.**

『推句集』 쓰기 -38

〈읽기〉 **백주/홍인면** 이요	백주는 사람의 얼굴을 붉게 만들고,				
〈구절풀이 순서〉 ● <u>白</u>¹ <u>酒</u>⁴ <u>紅</u>² <u>人</u>³ <u>面</u> ·백주 - 빛깔이 흰 술. 고량주.	白 흰 **백**	酒 술 **주**	紅 붉을 **홍**	人 사람 **인**	面 낮(얼굴) **면**

〈읽기〉 **황금/흑리심** 이라	황금은 관리의 마음을 검게 만든다네.				
〈구절풀이 순서〉 ● <u>黃</u>¹ <u>金</u>⁴ <u>黑</u>² <u>吏</u>³ <u>心</u> ·황금 - 금을 다른 금속과 구별하여 이르는 말로, 돈이나 재물을 비유적으로 이르는 말.	黃 누를 **황**	金 쇠·돈 **금**	黑 검을 **흑**	吏 관리 **리**	心 마음 **심**

_____ 년 _____ 월 _____ 일 ㊞

♣ 아래의 시구(詩句)를 해석하고, 그 풀이에 알맞은 그림을 그려 보시오.
『推句集』 정리하고 쉬어가기 -38

- 白酒/紅人面 이요, 〈해석〉: _____

- 黃金/黑吏心 이라. 〈해석〉: _____

♣ 〈고사성어〉 矛盾   矛 세모진창 모. 盾 방패 순.   • 출전: 『한비자』

〈뜻풀이〉 말이나 행동의 앞뒤가 서로 맞지 않음을 비유.

〈유래〉 중국 초나라의 어느 장사꾼이 시장에서 방패와 창을 벌여놓고 팔고 있었다.
"여기 이 방패는 굉장히 견고하여 제아무리 날카로운 창이라도 다 막아낼 수 있습니다."
방패가 견고하다고 자랑을 늘어놓은 다음에 이번에는 창을 잡고 외쳐댔다.
"이 창으로 말할 것 같으면 어찌나 예리한 지 꿰뚫지 못하는 것이 없습니다."
그러자 구경꾼 중에서 어떤 사람이 이렇게 물었다.
"그렇다면 그 창으로 그 방패를 찌르면 어떻게 됩니까?"
장사꾼은 대답도 못하고 서둘러 그 자리를 떠나버렸다.

_____ 년   월   일 ㊞

♣ **아래의 빈칸을 채우고, 〈읽기〉 부분을 소리 내어 읽어보시오.**

『推句集』쓰기 -39

〈읽기〉 **노인 / 부장거** 요		늙은이는 지팡이를 짚으며 걸어가고,			
〈구절풀이 순서〉 • 老¹ 人³ 扶² 杖⁴ 去 ·노인 - 나이가 들어 늙은 사람.	老	人	扶	杖	去
	늙을 **로**	사람 **인**	붙들 **부**	지팡이 **장**	갈 **거**

〈읽기〉 **소아 / 기죽래** 라		어린아이는 죽마를 타고서 오는구나!			

〈구절풀이 순서〉
 	
• 小¹ 兒³ 騎² 竹⁴ 來
 	
·소아 - 어린아이.
 	
·죽마(竹馬) - 아이들이 말놀음 질을
  할 때에, 두 다리를
  걸터타고 끌고 다니는
  대막대기.
	小	兒	騎	竹	來

	작을 **소**	아이 **아**	말탈 **기**	대 **죽**	올 **래**

_____ 년 _____ 월 _____ 일 印

♣ 아래의 시구(詩句)를 해석하고, 그 풀이에 알맞은 그림을 그려 보시오.
『推句集』 정리하고 쉬어가기 -39

- 老人/扶杖去요. 〈해석〉: _____
- 小兒/騎竹來라. 〈해석〉: _____

♣ 〈고사성어〉 **毛遂自薦**   毛 성씨 **모**. 遂 드디어 **수**. 自 스스로 **자**. 薦 추천할 **천**.   • 출전 『사기』

〈뜻풀이〉 주머니 속의 송곳이란 뜻으로,
부끄러움 없이 자기를 내세우는 사람을 빗대어 가리키는 말. 囊中之錐(낭중지추).

〈유래〉 중국 전국 시대 말에 진(秦)나라가 조(趙)나라를 공격해오자 왕은 평원군을 초나라로 급파하여 구원군을 요청하도록 하였다. 평원군은 자신의 3,000여 명 식객(食客) 중에서 20명의 수행원을 선발하기로 하였다. 그런데 19명은 쉽게 뽑았으나 마지막 1명을 뽑는데 애를 먹고 있었다. 이 때 모수(毛遂)라는 사람이 자기를 천거하였다.
"저를 데려가 주십시오."
평원군은 어이없어하며 물었다.
"여기에 온 지 얼마나 되었는가?"
"3년이 다 되었습니다."
"재능은 숨길 수가 없어서 주머니 속의 송곳 끝이 뾰족하여 밖으로 튀어나오듯이 드러나는 법인데, 내 집에 머문 지가 3년 쯤 되었으면서 어찌 이름 한번 드러내지 못한 것이오?"
"그것은 저를 한 번도 나리의 주머니 속에 넣어주지 않기 때문입니다. 이번에 저를 나리의 주머니 속에 넣어 주신다면 끝은 물론이고 손잡이까지 드러내 보이겠습니다."
평원군은 모수의 재치 있는 답변으로 수행원을 꾸려서 초나라로 떠났다. 길을 가는 도중에 모수는 수행원의 우두머리가 되었고, 그의 활약으로 초나라의 구원군도 얻을 수 있었다.

년   월   일 ㊞

♣ **아래의 빈칸을 채우고, 〈읽기〉 부분을 소리 내어 읽어보시오.**

『推句集』 쓰기 −40

〈읽기〉 **남노/부신거**요	사내종은 땔감을 지고 걸어가고,				
〈구절풀이 순서〉	男	奴	負	薪	去
•男 奴 負 薪 去 　1 2 4 3 5	남자 **남**	종 **노**	질 **부**	섶(땔감) **신**	갈 **거**
·섶 - 잎나무, 풋나무, 물거리 따위의 땔나무를 통틀어 이르는 말.					

〈읽기〉 **여비/급수래**라	여자 종은 우물물을 길어오네!				
〈구절풀이 순서〉	女	婢	汲	水	來
•女 婢 汲 水 來 　1 2 4 3 5	여자 **녀**	여자종 **비**	물길을 **급**	물 **수**	올 **래**
·					

95

_____ 년 _____ 월 _____ 일 ㊞

♣ **아래의 시구**(詩句)**를 해석하고, 그 풀이에 알맞은 그림을 그려 보시오.**

『推句集』 정리하고 쉬어가기 -40

- 男奴/負薪去요, 〈해석〉: _____
- 女婢/汲水來라. 〈해석〉: _____

♣ 〈고사성어〉 武陵桃源   武 굳셀 **무**. 陵 언덕 **릉**. 桃 복숭아 **도**. 源 근원 **원**.   • 출전 <도연명 「도화원기」>

〈뜻풀이〉 이 세상을 떠난 별천지를 이르는 말.

〈유래〉 중국 무릉 땅의 한 어부가 하루는 시냇물을 따라 배를 저어 갔는데 문득 복숭아꽃이 피어 있는 계곡의 숲을 만났다. 복사꽃 잎이 떠내려 오는 물길이 다한 곳에 이르렀다. 그곳에 동굴이 있어 빛이 새들어오는데 겨우 통과하여 보니 앞이 밝아지면서 탁 트인 곳에 평평하고 넓은 토지와 집들이 가지런하고 기름진 논밭과 연못, 뽕과 대나무들이 심어져 있으며 사방으로 쭉 뻗은 길이 나있었다. 닭과 개의 울음소리가 여기저기에서 들리는데 농사짓는 사람들이 입는 의복은 외부 사람들 같았고, 노인과 어린아이들이 모두 편안해하며 즐거워하고 있었다. 이들은 진나라 때의 난리를 피해 이곳으로 들어왔는데 수백 년 동안 바깥세상과 접촉하지 않아 지금이 무슨 시대인 것도 몰랐다. 이집 저집에 초대되어 융숭한 대접을 받았는데 이곳이야말로 평화롭고 아름다운 별천지가 틀림없었다. 어부는 그곳을 떠나오면서 표시를 해두며 지나왔다. 그길로 무릉태수에게 사정을 보고하고 다시 찾아 나섰으나 알 길이 전혀 없었다.

_____ 년 _____ 월 _____ 일 ㊞

♣ **아래의 빈칸을 채우고, 〈읽기〉 부분을 소리 내어 읽어보시오.**

『推句集』 쓰기 -41

〈읽기〉 **세연/어탄묵**이요	벼루를 씻으니 물고기는 먹물을 삼키고,				
〈구절풀이 순서〉	洗	硯	魚	吞	墨
• 洗 硯 魚 吞 墨 　2　1　3　5　4	씻을 **세**	벼루 **연**	물고기 **어**	삼킬 **탄**	먹 **묵**

〈읽기〉 **자차/학피연**이라	차를 달이니 학은 연기를 피해 날아가네!				
〈구절풀이 순서〉	煮	茶	鶴	避	煙
• 煮 茶 鶴 避 煙 　2　1　3　5　4	삶을 **자**	차 **차**•다	학 **학**	피할 **피**	연기 **연**

_____ 년 ____ 월 ____ 일 ㊞

♣ 아래의 시구(詩句)를 해석하고, 그 풀이에 알맞은 그림을 그려 보시오.

『推句集』 정리하고 쉬어가기 -41

- 洗硯/魚吞墨이요. 〈해석〉: _____
- 煮茶/鶴避煙이라. 〈해석〉: _____

♣ 〈고사성어〉 **刎頸之交**   刎 목벨 **문**. 頸 목 **경**. 之 어조사 **지**. 交 사귈 **교**.   • 출전 『사기』

〈뜻풀이〉 서로 죽음을 함께 할 수 있는 거슬림이 없는 친한 사이를 이르는 말.

〈유래〉 전국 시대, 조나라 혜문왕 때 인상여(藺相如)는 진(秦)나라 소양왕이 탐내던 화씨지벽(和氏之璧)을 완전한 상태로 가지고 돌아온 공으로 상대부(上大夫)에 임명되었다. 또 3년 후에는 소양왕과 혜문왕을 욕보이려고 하자, 오히려 소양왕에게 망신을 주었다. 인상여는 그런 공으로 상경(上卿)에 올라 지위가 염파(廉頗) 장군보다 높아졌다. 이에 염파는 분개하며 나는 전쟁터에서 적의 성을 빼앗거나, 들판에서 적군을 무찔러 공을 세웠다. 그런데 입을 놀려 세운 공으로 나보다 윗자리에 앉다니…. 만나면 망신을 단단히 주고 말겠다며 벼르고 있었다. 이 말을 전해 듣고 인상여는 염파를 피했다. 심지어 병을 핑계로 조정에 나가지 않았고, 염파가 보이기라도 하면 옆길로 도망 다녔다. 이에 마부는 인상여가 비겁하다고 여겨 작별하려고 하자, 그를 만류하며 진나라 소양왕과 염파 장군 중 어느 쪽이 더 무서운지를 묻고, 소양왕을 두려워하지 않고 자기 신하들 앞에서 혼내준 사람으로서 내가 염파장군을 피해 다니는 것은 우리 두 사람이 싸우게 되면 두 호랑이는 모두 죽게 될 것이고, 조나라는 강한 진나라의 침략을 받아 위기에 빠질 것이 염려되었기 때문이라고 말해주었다. 이 말을 전해 듣고 염파는 자신이 부끄러워졌다. 바로 윗옷을 벗어버리고 매질에 쓰일 가시나무를 짊어진 채 인상여를 찾아가 돌층계 밑에서 무릎을 꿇고 진심으로 사죄했다. 그날부터 두 사람은 목숨을 내어줘도 좋을 절친한 친구가 되었다.

♣ **아래의 빈칸을 채우고, 〈읽기〉 부분을 소리 내어 읽어보시오.**

『推句集』 쓰기 -42

〈읽기〉 **송작/연객개**요.   소나무는 손님을 맞아들이는 일산이요,

〈구절풀이 순서〉

　　　1　5　3　2　4
● 松 作 延 客 蓋

·일산 - 햇볕을 가리기 위하여 세우는 큰 양산. 우산보다 크며 놀이할 때에 한 데에다 세움.

松	作	延	客	蓋
소나무 **송**	될 **작**	끌어들일 **연**	손님 **객**	덮개 **개**

〈읽기〉 **월위/독서등**이라   달은 책을 읽게 하는 등불이라네.

〈구절풀이 순서〉

　　　1　5　3　2　4
● 月 爲 讀 書 燈

月	爲	讀	書	燈
달 **월**	될 **위**	읽을 **독**	책·글 **서**	등불 **등**

♣ **아래의 시구(詩句)를 해석하고, 그 풀이에 알맞은 그림을 그려 보시오.**

『推句集』 정리하고 쉬어가기 -42

- 松作/延客蓋요. 〈해석〉: _____
- 月爲/讀書燈이라. 〈해석〉: _____

♣ 〈고사성어〉 **門前成市**   門 문 **문**. 前 앞 **전**. 成 이룰 **성**. 市 저자 **시**.   • 출전 『한서』

〈뜻풀이〉 문 앞이 저자를 이룬다는 뜻으로, 세력이 있어 찾아오는 사람이 매우 많음을 나타내는 말.

〈유래〉 중국 전한(前漢) 말기, 애제가 황제로 즉위했지만 조정의 실제 권력은 왕망의 일족과 외척들에게 넘어가 있었다. 그리고 당시 20세인 애제는 동성연애에 빠져 국정을 돌보지 않았고, 충신들의 간언도 귓전으로 흘려버렸는데 그중 상서 복야 벼슬에 있던 정숭(鄭崇)은 황제에게 미움만 사고 말았다. 그 무렵 왕실과 인척 관계에 있는 정숭을 매우 시기하던 조창(趙昌)이라는 관리가 황제에게 이렇게 고했다.

"폐하, 정숭의 집 문 앞이 사람들로 저자를 이루고 있습니다. 그 연유가 무엇인지 엄중히 문초하소서."

애제는 그 말을 듣고 정숭을 불러다 물었다.

"폐하의 말씀처럼 신의 문 앞은 저자와 같사오나 신의 마음은 물처럼 맑고 깨끗합니다. 황공하오나 한 번 더 조사해 주소서."

그러나 애제는 정숭의 청을 묵살한 채 옥에 가뒀다. 조창이 황제께 참언을 올렸다고 정숭을 변호하는 벼슬아치도 있었으나, 삭탈관직 당하고 평민으로 내쳐지자 결국 정숭은 감옥에서 죽고 말았다.

_____ 년 _____ 월 _____ 일 ㊞

♣ **아래의 빈칸을 채우고, 〈읽기〉 부분을 소리 내어 읽어보시오.**

『推句集』 쓰기 -43

〈읽기〉 **화 락 / 연 불 소** 요	꽃잎이 떨어지니 가련해서 쓸지 못하겠고,				
〈구절풀이 순서〉 　　1 2 3 5 4 ● 花 落 憐 不 掃 ·가련하다 - 가엾고 불쌍함.	花	落	憐	不	掃
	꽃 **화**	떨어질 **락**	가련할 **련**	아닐 **불**	쓸 **소**
〈읽기〉 **월 명 / 애 무 면** 이라	달빛이 밝으니 아까워서 잠 못 이루겠네.				
〈구절풀이 순서〉 　　1 2 3 5 4 ● 月 明 愛 無 眠	月	明	愛	無	眠
	달 **월**	밝을 **명**	아낄 **애**	없을 **무**	잠잘 **면**

_____ 년 _____ 월 _____ 일 ㊞

♣ 아래의 시구(詩句)를 해석하고, 그 풀이에 알맞은 그림을 그려 보시오.

『推句集』 정리하고 쉬어가기 -43

- 花落/憐不掃요, 〈해석〉: _____
- 月明/愛無眠이라. 〈해석〉: _____

♣ 〈고사성어〉 尾生之信   尾 꼬리 미. 生 날 생. 之 어조사 지. 信 믿을 신.   • 출전 『사기』

〈뜻풀이〉 미생의 믿음이란 뜻으로,
미련하도록 약속을 굳게 지키는 것이나 고지식하여 융통성이 없음을 가리키는 말.

〈유래〉 중국 노나라에 어떤 약속이든 꼭 지키는 미생(尾生)이란 사람이 있었다.
 어느 날 미생은 다리 밑에서 여자와 만나기로 약속을 잡았다. 약속한 날에 만나자고 한 시간이 되어 그 장소에서 기다렸으나 웬일인지 여자는 나오지 않았다. 그런데도 미생은 그녀를 계속 기다렸다. 그때 갑자기 소낙비가 쏟아져 냇물이 불어났으나, 미생은 약속 장소에 머물러 있다가 결국 다리 밑의 기둥을 끌어안은 채 물에 빠져 죽고 말았다.
 전국 시대, 유세가로 이름난 소진(蘇秦)이 연(燕)나라 소왕(昭王)을 설득할 때 신의를 지키는 사람의 본보기로 미생의 이야기를 들려주었다.
 그러나 당시의 장자(莊子)는 소진과 다른 부정적인 견해를 제시하였다. 장자는 도척(盜跖)이라는 유명한 도둑의 입을 통해 미생에 대해 다음과 같이 평가하였다.
 "이런 유형의 인간은 기둥에 묶인 채로 죽음을 당한 개, 또는 물에 떠내려간 돼지 아니면 쪽박을 들고 빌어먹는 거지와 다를 바 없다. 쓸데없는 명목에 사로잡혀 소중한 목숨을 가볍게 여기는 사람은 진정한 삶의 길을 모르기 때문이다."

♣ **아래의 빈칸을 채우고, 〈읽기〉 부분을 소리 내어 읽어보시오.**

『推句集』 쓰기 -44

〈읽기〉 **월작/운간경** 이요	달은 구름 사이에서 거울이 되어 비추고,

〈구절풀이 순서〉

    1 5 2 3 4
- 月 作 雲 間 鏡

月	作	雲	間	鏡
달 **월**	될 **작**	구름 **운**	사이 **간**	거울 **경**

〈읽기〉 **풍위/죽리금** 이라	바람은 대숲 속에서 거문고 소리가 된다네.

〈구절풀이 순서〉

    1 5 2 3 4
- 風 爲 竹 裡 琴

風	爲	竹	裡	琴
바람 **풍**	될 **위**	대 **죽**	속 **리**	거문고 **금**

_____ 년 ___ 월 ___ 일 ㊞

♣ 아래의 시구(詩句)를 해석하고, 그 풀이에 알맞은 그림을 그려 보시오.
『推句集』 정리하고 쉬어가기 -44

- 月作/雲間鏡이요. 〈해석〉: _____
- 風爲/竹裡琴이라. 〈해석〉: _____

♣ 〈고사성어〉 拔本塞源   拔 뺄 발. 本 근본 본. 塞 막을 색. 源 근원 원.   • 출전 『춘추좌씨전』

〈뜻풀이〉 폐단의 근본 원인을 모조리 없앤다는 말.

〈유래〉《춘추좌씨전(春秋左氏傳)》〈소공(昭公) 9년 조〉에 이런 말이 있다.
 '나에게 큰아버지가 계심은 마치 의복에 갓이나 면류관이 갖춰지고, 나무뿌리나 물줄기가 솟아나고, 백성에게 지혜로운 임금이 계신 것과 같다. 큰아버지께서 만약 갓과 면류관을 찢거나 훼손해 버리고 나무의 뿌리를 뽑거나 물줄기를 막아버리고 함부로 지혜로운 임금을 버린다면 비록 오랑캐라도 어찌 한 사람이라도 남아 있겠는가?'
 명(明)나라의 왕양명(王陽明)이 지은《전습록(傳習錄)》〈발본색원론(拔本塞源論)〉의 취지는 하늘의 이치를 알아 욕심을 버리고, 사사로운 탐욕은 그 근원을 없애고 철저히 차단하는 데 있다는 것이다.

♣ **아래의 빈칸을 채우고, 〈읽기〉 부분을 소리 내어 읽어보시오.**

『推句集』쓰기 –45

〈읽기〉 **국수** / **월재수** 요.   물을 움켜쥐니 달이 손 안에 있고,

〈구절풀이 순서〉

• 掬²水¹月³在⁵手⁴

掬	水	月	在	手
움켜쥘 **국**	물 **수**	달 **월**	있을 **재**	손 **수**

〈읽기〉 **농화** / **향만의** 라.   꽃을 희롱하니 향기가 옷에 가득하네.

〈구절풀이 순서〉

• 弄²花¹香³滿⁵衣⁴

弄	花	香	滿	衣
희롱할 **롱**	꽃 **화**	향기 **향**	찰 **만**	옷 **의**

♣ 아래의 시구(詩句)를 해석하고, 그 풀이에 알맞은 그림을 그려 보시오.

『推句集』 정리하고 쉬어가기 -45

- 掬水/月在手 요.   〈해석〉: _____
- 弄花/香滿衣 라.   〈해석〉: _____

♣ 〈고사성어〉 傍若無人   傍 곁 **방**. 若 같을 **약**. 無 없을 **무**. 人 사람 **인**.   • 출전 『사기』

〈뜻풀이〉 곁에 사람이 없는 것 같이 여긴다는 뜻으로,
주위의 다른 사람을 전혀 의식하지 않고 제멋대로 행동한다는 말.

〈유래〉 전국 시대 말엽에 진나라가 중국을 통일하고 시황제가 되기 직전의 일이다. 포학하기 그지없던 진왕 정(政)을 암살하려다 실패한 형가(荊軻)라는 자객이 있었다.
　그는 위(衛)나라 사람이었으나 위나라 왕이 등용해주지 않자 여러 나라를 돌아다니다가 연(燕)나라 사람으로 축이라는 악기를 잘 다루는 고점리(高漸離)라는 명인을 만났다. 형가와 고점리는 만나면 곧 의기투합하여 늘 장터에서 술을 마셨다. 그러다가 취기가 오르면 고점리는 축을 연주하고 형가는 노래를 불렀는데, 감정이 복받쳐 오르면 끌어 앉고 엉엉 울기도 하였다. 그런 모습은 마치 '곁에 어떤 사람도 없는 것'처럼 하였다.

_____ 년 _____ 월 _____ 일 ㊞

♣ **아래의 빈칸을 채우고, 〈읽기〉 부분을 소리 내어 읽어보시오.**

『推句集』 쓰기 -46

〈읽기〉 **오야/등전주**요 　　어두운 밤이라도 등불 앞은 대낮이고,

〈구절풀이 순서〉

• 五₁ 夜₂ 燈₃ 前₄ 晝

五	夜	燈	前	晝
다섯 **오**	밤 **야**	등불 **등**	앞 **전**	낮 **주**

· 오야 - 하룻밤을 다섯으로 나눈 이름.

〈읽기〉 **유월/정하추**이라 　　뜨거운 유월이라도 정자 밑은 가을이라네.

〈구절풀이 순서〉

• 六₁ 月₂ 亭₃ 下₄ 秋

六	月	亭	下	秋
여섯 **륙**	달 **월**	정자 **정**	아래 **하**	가을 **추**

· 유월 - 한 해의 여섯째 달.

_____ 년 _____ 월 _____ 일 ㊞

♣ 아래의 시구(詩句)를 해석하고, 그 풀이에 알맞은 그림을 그려 보시오.

『推句集』 정리하고 쉬어가기 -46

- 五夜/燈前畫요. 〈해석〉: _____

- 六月/亭下秋이라. 〈해석〉: _____

♣ 〈고사성어〉 杯盤狼藉   杯 잔 **배**. 盤 쟁반 **반**. 狼 어지러울 **낭**. 藉 깔 **자**.   • 출전 『사기』

〈뜻풀이〉 술잔과 접시가 마치 이리에게 깔렸던 풀처럼 어지럽게 흩어져 있다는 뜻으로,
술자리가 끝난 이후의 난잡한 모습을 나타내는 말.

〈유래〉 전국 시대 초엽에 제(齊)나라는 초(楚)나라의 침략을 받았을 때의 일이다. 제나라 왕은 말솜씨가 좋은 순우곤(淳于髡)을 사신으로 조(趙)나라에 보내어 원군을 청해오도록 하였다. 순우곤이 10만의 원군을 청해 돌아오자 초나라 군대는 철수해 버렸다. 전쟁의 위기를 모면하자 위왕은 잔치를 베풀어 순우곤의 공로를 치하고 얘기를 주고 받았다. "그대는 주량이 얼마 쯤 되는가?" "신(臣)은 한 되를 마셔도 취하고 한 말을 마셔도 취합니다." "아니 한 되의 술에 취하는 사람이 어떻게 한 말까지 마신단 말인가?" "그것은 경우에 따라서는 주량도 달라진다는 뜻입니다. 가령 높은 벼슬아치들이 지켜보는 자리에서는 두려움에 한 되도 못 마시고 취할 것이며, 친척 어른들을 모신 자리에서는 자주 일어나 술잔을 올려야 하므로 두 되를 마시고도 취할 것입니다. 벗과 회포를 푸는 자리라면 대여섯 되쯤은 마실 수 있을 것입니다. 그러나 동네 사람들과 어울려 쌍륙이나 투호 놀이를 하며 마신다면 아마 여덟 되쯤에 취기가 두세 번은 돌 것이고, 날이 어둑해져 취흥이 일어 남녀가 무릎을 맞대고 있노라면 신발이 뒤섞이고 술잔과 접시는 이리가 깔고 뭉갠 풀처럼 어지럽게 뒹굴게 될 것입니다. 그런데 밤이 깊어 등불이 꺼질 무렵 안주인이 손님들을 돌려보낸 뒤 곁에 여인이 있어 엷은 속옷을 헤칠 때 색정적인 향내가 감돈다면 한 말 술이라도 마실 것입니다." 순우곤은 위왕이 술과 여색을 좋아하므로 이렇게 간하였다. "술이 극에 달하면 어지러워지고 즐거움이 극에 달하면 슬픈 일이 생긴다는 말이 있으니 깊이 헤아려보소서." 위왕은 술을 마실 때마다 순우곤을 옆에 앉혔다고 한다.

♣ **아래의 빈칸을 채우고, 〈읽기〉 부분을 소리 내어 읽어보시오.**

『推句集』 쓰기 -47

〈읽기〉 **세거/인두백**이요	세월이 흘러가니 사람의 머리가 희어지고,

〈구절풀이 순서〉
　　1　2　3　4　5
• 歲 去 人 頭 白

歲	去	人	頭	白
해 **세**	갈 **거**	사람 **인**	머리 **두**	흰 **백**

〈읽기〉 **추래/수엽황**이라	가을이 다가오니 나뭇잎이 누렇게 물드네.

〈구절풀이 순서〉
　　1　2　3　4　5
• 秋 來 樹 葉 黃

秋	來	樹	葉	黃
가을 **추**	올 **래**	나무 **수**	잎 **엽**	누를 **황**

_____ 년 _____ 월 _____ 일 ㊞

♣ 아래의 시구(詩句)를 해석하고, 그 풀이에 알맞은 그림을 그려 보시오.
『推句集』 정리하고 쉬어가기 -47

- 歲去/人頭白이요. 〈해석〉: _____
- 秋來/樹葉黃이라. 〈해석〉: _____

♣ 〈고사성어〉 背水陣   背 등 배. 水 물 수. 陣 진칠 진.   • 출전 『사기』

〈뜻풀이〉 물을 등지고 친 진지라는 뜻으로, 어떤 일에 결사적인 각오로 임한다는 말.

〈유래〉 한나라의 유방이 중국을 통일하기 전의 일이다. 대장군 한신(韓信)은 위(魏)나라를 항복시키고 조(趙)나라로 쳐들어갔다. 조나라는 20만의 군대를 동원하여 정형(井陘)의 협도(狹道) 출구 쪽으로 성채(城砦)를 구축하여 길목을 지키고 있었다. 조나라의 이좌거(李左車)는 적군이 협도를 통과할 때 공격하자고 건의했으나 채택되지 않았고, 한신은 서둘러 협도를 통과하다가 출구를 10리쯤 앞둔 곳에서 밤 중에 2,000여 기병을 뽑아 조나라의 성채 바로 뒷산에 매복시키면서 이렇게 명령하였다.

"본대(本隊)는 내일 싸움에서 거짓으로 패주(敗走)하며 적군이 성채를 비우도록 할 것이니, 제군들은 성채를 점령하고 한나라 깃발을 세워라!"

그런 뒤에 한신은 먼저 1만여 군사를 보내 강물을 등지고 진을 치게 한 다음 본대를 이끌고 조나라의 성채를 공격하였다. 한참 맞서서 싸우다가 거짓으로 패주하여 강가에 쳐놓은 진으로 도망쳐 들어갔다. 이에 조나라 군대는 승세를 타고 추격하였다. 그 사이에 한나라의 매복군이 조나라의 성채에 들어가 한나라의 깃발로 바꾸어 놓았다. 강물을 등지고 한나라 군사는 죽을힘을 다해 싸우니 당해낼 수가 없어서 성채로 돌아가려는데 한나라 깃발이 나부끼고 있지 않은가? 결국은 싸울 의지가 꺾여버렸다. 승전 축하연에서 강을 등지고 진을 친 이유를 물으니, 한신은 이렇게 대답하였다.

"우리는 급하게 편성된 오합지졸이니 죽을 곳이라야 죽을힘을 다해 싸우는 법이지. 이것이 강물을 등지고 진을 친 이유라네."

♣ **아래의 빈칸을 채우고, 〈읽기〉 부분을 소리 내어 읽어보시오.**

『推句集』 쓰기 -48

〈읽기〉 **우후/산여목**이요	비 온 뒤의 산은 목욕을 한 것 같고,

〈구절풀이 순서〉

   1 2 3 5 4
- 雨 後 山 如 沐

雨	後	山	如	沐
비 **우**	뒤 **후**	산 **산**	같을 **여**	머리감을 **목**

〈읽기〉 **풍전/초사취**라	바람 앞의 풀은 술에 취한 듯하네.

〈구절풀이 순서〉

   1 2 3 5 4
- 風 前 草 似 醉

風	前	草	似	醉
바람 **풍**	앞 **전**	풀 **초**	같을 **사**	취할 **취**

_____ 년 _____ 월 _____ 일 ㊞

♣ 아래의 시구(詩句)를 해석하고, 그 풀이에 알맞은 그림을 그려 보시오.
『推句集』 정리하고 쉬어가기 -48

- 雨後/山如沐이요. 〈해석〉: _____

- 風前/草似醉라. 〈해석〉: _____

♣ 〈고사성어〉 杯中蛇影　　杯 잔 배. 中 가운데 중. 蛇 뱀 사. 影 그림자 영.　　• 출전:『진서』

〈뜻풀이〉 술잔 속에 아른거리는 뱀의 그림자란 뜻으로,
부질없이 의심을 품으면 엉뚱한 데에서 탈이 난다는 것을 비유한 말.

〈유래〉 진(晉)나라 사람 악광(樂廣)은 집이 가난해서 독학으로 공부하여 훗날 수재(秀才)로 천거되어 벼슬을 살았는데 매사에 신중하였다.
　악광이 하남 태수(河南太守)로 재직하고 있을 때, 자주 보던 친구가 발길을 끊고 찾아오지 않으니 이상한 생각이 들어 그를 찾아가 이유를 물어 보았다.
　"그동안 얼굴을 볼 수가 없었는데 무슨 일이 있었는가?"
　"지난번에 함께 술을 마실 때 잔 속에 뱀이 보였네. 기분이 이상했지만 그냥 마셨지. 그 후로 몸이 불편해졌다네."
　악광은 괴이하다고 생각했다. 지난번에 함께 술을 마신 곳은 숙소인데, 방의 벽에는 활을 걸어두었고 그 활에는 옻칠한 뱀의 그림이 있는데 설마…. 악광은 그 친구를 초대해서 지난번의 자리에 앉히고 술잔에 술을 따르며 뭐가 보이는가 물으니, 지난번과 똑같이 아른거린다고 하였다.
　"그렇다면 저 활에 그려진 뱀의 그림자로군."
　사실을 알게 된 그 친구는 몸의 불편함이 사라졌다고 한다.

_____ 년 ___ 월 ___ 일 ㊞

♣ **아래의 빈칸을 채우고, 〈읽기〉 부분을 소리 내어 읽어보시오.**

『推句集』 쓰기 −49

〈읽기〉 **인 분**/**천 리 외** 요	사람은 천리 밖까지 나뉘어져 살지만,				
〈구절풀이 순서〉 • 人¹ 分⁴ 千² 里³ 外 • 천리 – 썩 먼 거리.	人	分	千	里	外
	사람 **인**	나눌 **분**	일천 **천**	거리 **리**	바깥 **외**

〈읽기〉 **흥 재**/**일 배 중** 이라	흥취는 술 한 잔 속에 있구나!				
〈구절풀이 순서〉 • 興¹ 在⁴ 一² 杯³ 中	興	在	一	杯	中
	일 **흥**	있을 **재**	한 **일**	잔 **배**	가운데 **중**

_____ 년 _____ 월 _____ 일 ㊞

♣ 아래의 시구(詩句)를 해석하고, 그 풀이에 알맞은 그림을 그려 보시오.

『推句集』 정리하고 쉬어가기 -49

- 人分 / 千里外 요. 〈해석〉: _____

- 興在 / 一杯中 이라. 〈해석〉: _____

♣ 〈고사성어〉 白面書生   白 흰 백. 面 얼굴 면. 書 글 서. 生 날 생.   • 출전 『송서』

〈뜻풀이〉 글만 읽고 세상 물정에 어둡고 경험이 없는 사람을 이르는 말.

〈유래〉 중국 남북조(南北朝) 시대의 송(宋)나라 사람인 심경지(沈慶之)가 있었다. 심경지는 어려서부터 무예를 열심히 수련하였다. 그는 10세의 어린 나이에 동진(東晉)의 신하였던 손은(孫恩) 장군이 반란을 일으켰을 때 사병(私兵)을 이끌고 출전하여 승리하는 등 이름을 날렸다.

나이 40이 돼서야 이민족(異民族)의 반란을 진압한 공로를 인정받아 장군이 되었다. 뒤이어 수도를 방위하는 책임자로 승진하였고, 또 많은 공을 세워 변경을 수비하는 대장군에 부임하였다.

어느 날 황제는 심경지와 함께한 자리에 문신들을 불러 놓고 북위(北魏)를 정벌하려는 논의를 하였다. 먼저 심경지는 북쪽으로의 출병을 반대하였다.

"폐하, 농사일은 농부에게 맡기고 바느질은 여인들이 하게 해야 됩니다. 그런데 폐하께서는 어찌 군대를 출동시키려는데 책만 읽은 선비들하고 논의를 하려고 하십니까?"

그러나 황제는 심경지의 의견을 무시하고 문신들의 의견에 따라 전쟁에 나갔다가 대패하고 말았다.

_____ 년 _____ 월 _____ 일 ㊞

♣ **아래의 빈칸을 채우고, 〈읽기〉 부분을 소리 내어 읽어보시오.**

『推句集』 쓰기 -50

〈읽기〉 **춘의/무분별**이요   봄의 뜻은 분별이 없지만,

〈구절풀이 순서〉

• 春₁ 意₂ 無₄ 分₃ 別

· 춘의 - 이른 봄에 만물이 피어나는 기분.

· 분별 - 서로 다른 일이나 사물을 구별하여 가름. 어떤 일에 대하여 배려하여 마련함.

春	意	無	分	別
봄 **춘**	뜻 **의**	없을 **무**	나눌 **분**	다를 **별**

〈읽기〉 **인정/유천심**이라   사람의 마음은 깊고 얕음이 있다네.

〈구절풀이 순서〉

• 人₁ 情₂ 有₅ 淺₄ 深₃

人	情	有	淺	深
사람 **인**	마음 **정**	있을 **유**	얕을 **천**	깊을 **심**

115

_____ 년 _____ 월 _____ 일 ㊞

♣ 아래의 시구(詩句)를 해석하고, 그 풀이에 알맞은 그림을 그려 보시오.
『推句集』 정리하고 쉬어가기 -50

- 春意/無分別 이요. 〈해석〉: _____
- 人情/有淺深 이라. 〈해석〉: _____

♣ 〈고사성어〉 白眉   白 흰 백. 眉 눈썹 미.   • 출전 『삼국지』

〈뜻풀이〉 흰 눈썹을 가진 사람이 가장 뛰어났다는 뜻으로, 여럿 가운데 가장 뛰어난 것을 가리키는 말.

〈유래〉 한나라가 망하고 위(魏)·오(吳)·촉(蜀)의 세 나라가 서로 다투던 삼국 시대의 일이다. 촉나라 유비(劉備)의 신하로 문무(文武)를 함께 갖춘 마량(馬良)이라는 이름난 참모가 있었다. 그는 제갈량의 친구였으며, 남방의 오랑캐 무리를 말로 설득하여 복종시킬 정도로 덕성과 지모가 뛰어난 인물이었다.

　마량에게는 오형제가 있었는데 그중 첫째로 태어날 때부터 눈썹에 흰털이 섞여 있어서 고향 사람들은 그를 백미(白眉)라는 별명을 붙여주었다. 마량의 오형제는 모두 비범한 재주를 가졌는데 그중에서도 마량의 재주가 가장 뛰어났다. 그래서 사람들은 마씨네 오형제 중에서 맏이인 백미가 가장 뛰어나다고 칭송하였다.

♣ **아래의 빈칸을 채우고, 〈읽기〉 부분을 소리 내어 읽어보시오.**

『推句集』 쓰기 −51

| 〈읽기〉 **화락이전/춘**이요 | 꽃잎이 떨어지기 전이라야 봄날이고, |

〈구절풀이 순서〉

• 花 落 以 前 春
  1 2 3 4

·이전 - 기준이 되는 때를 포함하여 그 전.

花	落	以	前	春
꽃 **화**	떨어질 **락**	써 **이**	앞 **전**	봄 **춘**

| 〈읽기〉 **산심연후/사**라 | 산이 깊어진 뒤라야 절다움이 있다네. |

〈구절풀이 순서〉

• 山 深 然 後 寺
  1 2 3 4

·연후 - 그런 뒤.

山	深	然	後	寺
산 **산**	깊을 **심**	그럴 **연**	뒤 **후**	절 **사**

_____ 년 ____ 월 ____ 일 ㊞

♣ 아래의 시구(詩句)를 해석하고, 그 풀이에 알맞은 그림을 그려 보시오.
『推句集』 정리하고 쉬어가기 -51

- 花落以前/春이요. 〈해석〉: _____
- 山深然後/寺라. 〈해석〉: _____

♣ 〈고사성어〉 伯牙絶絃   伯 맏 **백**. 牙 어금니 **아**. 絶 끊을 **절**. 絃 악기줄 **현**.   • 출전 『열자』

〈뜻풀이〉 백아가 거문고의 줄을 끊었다는 뜻으로,
자기를 알아주는 절친한 벗의 죽음을 슬퍼한다는 말. 知音(지음).

〈유래〉 중국의 춘추시대에 거문고를 잘 연주하기로 소문난 백아(伯牙)에게는 자기의 음악세계를 잘 이해해주는 종자기(鐘子期)라는 친구가 있었다. 백아가 높은 산과 거센 강물을 생각하며 거문고 줄을 퉁기면 종자기는 금세 '좋구나!'를 연발하며 탄성을 지른다.
 "하늘 높이 솟은 산이 태산처럼 우뚝하구나!"
 "넘실대며 흘러가는 강물은 황하처럼 세차네!"
 이와 같이 두 사람은 음악을 통해 마음을 알아주는 친구사이였지만, 불행히 종자기가 병으로 먼저 죽고 말았다. 그러자 백아는 절망 끝에 거문고의 줄을 끊어버리고 다시는 연주하지 않았다고 한다.
 이로써 '지음(知音)'이라는 말이 생겨났다.

_____ 년 _____ 월 _____ 일 ㊞

♣ **아래의 빈칸을 채우고, 〈읽기〉 부분을 소리 내어 읽어보시오.**

『推句集』 쓰기 -52

〈읽기〉 **산외산/부진**이요	산 너머 산이 있어 다함이 없고,				
〈구절풀이 순서〉 　　1　2　3　5　4 • 山 外 山 不 盡	山 산 **산**	外 바깥 **외**	山 산 **산**	不 아닐 **부**	盡 다할 **진**

〈읽기〉 **노중로/무궁**이라	길 가운데 길이 있어 끝이 없네.				
〈구절풀이 순서〉 　　1　2　3　5　4 • 路 中 路 無 窮	路 길 **로**	中 가운데 **중**	路 길 **로**	無 없을 **무**	窮 다할 **궁**

_____ 년 _____ 월 _____ 일 ㊞

♣ 아래의 시구(詩句)를 해석하고, 그 풀이에 알맞은 그림을 그려 보시오.
『推句集』 정리하고 쉬어가기 -52

- 山外山 / 不盡 이요. 〈해석〉: _____
- 路中路 / 無窮 이라. 〈해석〉: _____

♣ 〈고사성어〉 法不徇情   法 법 법. 不 아닐 불. 徇 주창할 순. 情 뜻 정.   • 출전 『여씨춘추』

〈뜻풀이〉 사사로운 정에 매이지 않는 공정한 법 집행을 가리키는 말.

〈유래〉 중국 전국시대에 '겸애'와 '검소함'을 주장한 묵자의 학설을 따르는 복돈이라는 사람의 아들이 사람을 죽였다. 진나라 혜왕이 복돈을 위해 이렇게 말하였다.
  "선생은 나이가 많으신데 다른 아들이 없으니, 과인이 사형을 면하게 하였소. 선생은 나의 말을 따르도록 하시오."
  그러자 복돈이 대답하였다.
  "우리 묵가는 사람을 죽이고 해치는 것을 금지하여 '사람을 죽인 자는 죽이고 사람을 해친 자는 벌준다'는 것입니다. 그리고 사람을 죽이고 해치는 것을 금하는 것은 천하의 큰 뜻(大義)입니다. 왕께서 비록 사형을 면해주신다고 분부하셨어도 저는 묵가의 법을 따르지 않을 수 없습니다."
  복돈은 혜왕의 분부를 어기고 끝내 자식을 죽였다.
  자식은 누구나 사사로이 사랑하는 존재이지만 그 사사로운 정을 베풀지 않고 큰 뜻을 행하였으니, 복돈은 묵가의 우두머리로서 참으로 공정(公正)하다고 평가받을 만하다.

_____ 년 _____ 월 _____ 일 ㊞

♣ **아래의 빈칸을 채우고, 〈읽기〉 부분을 소리 내어 읽어보시오.**

『推句集』 쓰기 –53

〈읽기〉 **일 모/창 산 원** 이요	날이 저무니 푸른 산은 멀어지고,				
〈구절풀이 순서〉	日	暮	蒼	山	遠
1 2 3 4 5	해 **일**	저물 **모**	푸를 **창**	산 **산**	멀 **원**
• 日 暮 蒼 山 遠					

〈읽기〉 **천 한/백 옥 빈** 이라	날씨가 차가우니 초가집은 초라해지네.				
〈구절풀이 순서〉	天	寒	白	屋	貧
1 2 3 4 5	날씨 **천**	찰 **한**	흰 **백**	집 **옥**	가난할 **빈**
• 天 寒 白 屋 貧					
·백옥 - 가난한 사람이 사는 허술한 집을 비유적으로 이르는 말.					

년 월 일 ㊞

♣ 아래의 시구(詩句)를 해석하고, 그 풀이에 알맞은 그림을 그려 보시오.
『推句集』 정리하고 쉬어가기 -53

- 日暮/蒼山遠이요. 〈해석〉: _____
- 天寒/白屋貧이라. 〈해석〉: _____

♣ 〈고사성어〉 **覆水不收**   覆 엎어질 **복**. 水 물 **수**. 不 아닐 **불**. 收 거둘 **수**.   • 출전 『한서』

〈뜻풀이〉 한 번 저지른 일은 어찌할 수 없다거나 또는 다시 중지할 수 없다는 말.

〈유래〉 훗날 제나라 왕이 된 강태공은 벼슬에 나가기 전 학문에 열중하느라 가정을 돌보지 않았다. 이에 아내 마씨(馬氏)는 집을 나가버렸다. 얼마 뒤 강태공은 주나라 문왕에게 등용되어 공을 세우고 제왕이 되었다. 그러자 마씨가 강태공 앞에 나타나 다시 받아 줄 것을 원하니, 강태공은 마씨에게 물을 한 동이 길어오게 해서 그 물을 땅에 쏟은 후 동이에 담아보라고 하였으나 담을 수 없었다.
  강태공은 마씨에게 말하였다.
  "그대는 이별을 했다가 다시 결합할 수 있다고 생각했겠지만, 이미 엎질러진 물은 다시 담을 수 없는 법이지요."
  강태공은 마씨를 아내로 다시 맞아들이지 않았다고 한다.

♣ **아래의 빈칸을 채우고, 〈읽기〉 부분을 소리 내어 읽어보시오.**

『推句集』쓰기 −54

〈읽기〉 **소 원 / 앵 가 헐** 이요   아담한 동산에 꾀꼬리의 울음소리 그치니,

〈구절풀이 순서〉
　 1 2 3 4 5
● 小 園 鶯 歌 歇

小	園	鶯	歌	歇
작을 **소**	동산 **원**	꾀꼬리 **앵**	노래 **가**	쉴 **헐**

〈읽기〉 **장 문 / 접 무 다** 라   커다란 대문에 나비들의 날갯짓이 많네.

〈구절풀이 순서〉
　 1 2 3 4 5
● 長 門 蝶 舞 多

長	門	蝶	舞	多
긴 **장**	문 **문**	나비 **접**	춤출 **무**	많을 **다**

_____ 년 _____ 월 _____ 일 ㊞

♣ **아래의 시구**(詩句)**를 해석하고, 그 풀이에 알맞은 그림을 그려 보시오.**

『推句集』 정리하고 쉬어가기 -54

- 小園/鶯歌歇이요,　〈해석〉: _____

- 長門/蝶舞多라.　〈해석〉: _____

♣ 〈고사성어〉 **不貪爲寶**　不 아닐 **불**. 貪 탐낼 **탐**. 爲 할 **위**. 寶 보배 **보**.　• 출전『춘추좌씨전』

〈뜻풀이〉 탐하지 않음을 보배로 삼는다는 말.

〈유래〉 성을 다스리는 자한이라는 성주에게 보물을 바치는 자가 있었다. 자한은 보물을 한사코 받지 않으며 거절하였다.
　자한은 이렇게 말하였다.
　"너는 보물이라고 하는 것을 보물로 여기지만, 나는 탐내지 않는 마음을 보물로 여긴다. 그러니 자기가 보물로 여기는 것을 각자 간직하는 것이 좋겠구나!"

_____ 년 월 일 ㊞

♣ **아래의 빈칸을 채우고, 〈읽기〉 부분을 소리 내어 읽어보시오.**

『推句集』 쓰기 -55

〈읽기〉 **풍창/등이멸**이요	바람이 창가에 불면 등불은 꺼지기 쉽고,				
〈구절풀이 순서〉 1 2 3 5 4 • 風 窓 燈 易 滅	風 바람 **풍**	窓 창 **창**	燈 등불 **등**	易 쉬울 **이**	滅 꺼질 **멸**

〈읽기〉 **월옥/몽난성**이라	달빛이 집안에 들면 꿈을 꾸기가 어렵다네.				
〈구절풀이 순서〉 1 2 3 5 4 • 月 屋 夢 難 成	月 달 **월**	屋 집 **옥**	夢 꿈 **몽**	難 어려울 **난**	成 이룰 **성**

125

_____ 년 _____ 월 _____ 일 ㊞

♣ 아래의 시구(詩句)를 해석하고, 그 풀이에 알맞은 그림을 그려 보시오.

『推句集』 정리하고 쉬어가기 -55

- 風窓 / 燈易滅 이요,   〈해석〉: _____
- 月屋 / 夢難成 이라.   〈해석〉: _____

♣ 〈고사성어〉 徙木之信   徙 옮길 **사**. 木 나무 **목**. 之 ~의 **지**. 信 믿을 **신**.   • 출전 『사기』

〈뜻풀이〉 위정자(정치하는 사람)가 백성에 대한 신임을 밝히는 일을 이르는 말.

〈유래〉 중국 진(秦)나라 때 법률에 밝은 상앙(商鞅)이라는 이름난 재상이 있었다. 한번은 상앙이 법률을 제정해 놓고 즉시 공포하여 시행하지 않았는데, 그 법률을 백성들이 따라 줄 것인지 확신이 서지 않았기 때문이다. 그래서 한 가지 계책을 시행하였는데, 사람들이 많이 지나다니는 도성의 남문에 길이 9m 쯤 되는 나무를 세워 놓고 그 옆에 방을 붙였다.

 "이 나무를 북문으로 옮기는 사람에게 일금 10냥을 준다."

 그러나 모집에 응하는 자가 없었다.

 이번에는 일금 50냥을 주겠다고 방을 붙여 모집하였다. 그러자 반신반의하던 한 사람이 이 나무를 북문으로 옮겼는데 곧바로 일금 50냥이 지급되었다. 이에 나라에서는 백성을 속이지 않겠다는 약속을 분명히 해두고 새로운 법령을 반포하니 별 탈 없이 시행되었다.

_____ 년 ___ 월 ___ 일 ㊞

♣ **아래의 빈칸을 채우고, 〈읽기〉 부분을 소리 내어 읽어보시오.**

『推句集』 쓰기 −56

〈읽기〉 **일모/계등시** 요　　해 저무니 닭은 횃대 위로 오르고,

日	暮	鷄	登	塒
해 **일**	저물 **모**	닭 **계**	오를 **등**	횃대 **시**

〈구절풀이 순서〉

   1　2　3　5　4
• 日 暮 鷄 登 塒

·횃대 - 닭 같은 것이 앉는 곳.
　　　　간짓대를 잘라 두 끝에
　　　　끈을 매어 벽에 달아매어 둠.

〈읽기〉 **천 한/조 입 첨** 이라　　날씨 차가우니 새가 처마로 날아드네.

天	寒	鳥	入	簷
날씨 **천**	찰 **한**	새 **조**	들 **입**	처마 **첨**

〈구절풀이 순서〉

   1　2　3　5　4
• 天 寒 鳥 入 簷

·처마 - 지붕이 도리 밖으로 내민 부분.

_____ 년 _____ 월 _____ 일 ㊞

♣ 아래의 시구(詩句)를 해석하고, 그 풀이에 알맞은 그림을 그려 보시오.
『推句集』 정리하고 쉬어가기 -56

- 日暮/鷄登塒요, 〈해석〉: _____

- 天寒/鳥入簷이라. 〈해석〉: _____

♣ 〈고사성어〉 四面楚歌 四 넉 사. 面 낯 면. 楚 초나라 초. 歌 노래 가.   • 출전 『사기』

〈뜻풀이〉 사면에서 들려 오는 초나라 노래란 뜻으로,
사방이 적으로 둘러싸여 외톨이가 된 상태를 비유한 말.

〈유래〉 진(秦)나라를 멸망시킨 후 초패왕(楚霸王) 항우(項羽)는 한왕(漢王) 유방(劉邦)의 한나라 대군에게 밀려 안휘성의 해하에서 겹겹이 포위되었다. 초나라는 군사가 적어지고 군량미도 떨어져 사기가 말이 아니었다. 또 한밤중에는 고향인 초나라 노래까지 들려오니 심리적으로 싸울 마음이 사라져 다투어 도망쳐버리기 일쑤였다. 이런 상황이라 싸움이 끝장났다고 생각한 항우는 마지막 술자리를 마련하였다. 항우에게는 우미인(虞美人)이라는 우희(虞姬)와 추(騅)라는 준마가 있었다. 항우는 비분강개한 마음으로 우미인과 준마를 위해 시를 읊었다.

힘은 산을 뽑고 기세는 세상을 덮지만	力拔山兮氣蓋世 (역발산혜기개세)
때는 불리하고 추는 나아가지 않는구나.	時不利兮騅不逝 (시불리혜추불서)
추가 나아가지 않으니 어찌하랴	騅不逝兮可奈何 (추불서혜가내하)
우희야! 우희야! 너를 어찌할꼬.	虞兮虞兮奈若何 (우혜우혜내약하)

우희도 결별의 슬픔에 목이 메여 화답하고 자결하였다.
항우는 그날 밤, 불과 800여 기(騎)를 이끌고 강동(江東)으로 향하다가 오강(烏江)에서 그 많던 강동의 군사를 다 잃고 홀로 돌아가는 것이 부끄러워 자결하니 31세였다.

___ 년 ___ 월 ___ 일 ㊞

♣ **아래의 빈칸을 채우고, 〈읽기〉 부분을 소리 내어 읽어보시오.**

『推句集』 쓰기 -57

〈읽기〉 **야광/천저수**요	들이 넓으니 하늘이 나무 위로 낮게 드리우고,				
〈구절풀이 순서〉 　　1　2　3　5　4 ● 野 曠 天 低 樹	野 들 **야**	曠 들판 **광**	天 하늘 **천**	低 낮을 **저**	樹 나무 **수**

〈읽기〉 **강청/월근인**이라	강물이 맑으니 달이 사람을 가까이 하네.				
〈구절풀이 순서〉 　　1　2　3　5　4 ● 江 淸 月 近 人	江 강 **강**	淸 맑을 **청**	月 달 **월**	近 가까울 **근**	人 사람 **인**

129

_____ 년 _____ 월 _____ 일 ㊞

♣ 아래의 시구(詩句)를 해석하고, 그 풀이에 알맞은 그림을 그려 보시오.
『推句集』 정리하고 쉬어가기 -57

- 野曠/天低樹 요. 〈해석〉: _____
- 江淸/月近人 이라. 〈해석〉: _____

♣ 〈고사성어〉 蛇足   蛇 뱀 **사**. 足 발 **족**.   • 출전 『전국책』

〈뜻풀이〉 뱀의 발이라는 뜻으로,
하지 않아도 될 쓸데없는 일을 덧붙여 하다가 도리어 일을 그르친다는 말.

〈유래〉 중국의 전국 시대 때, 초(楚)나라에 인색하기로 이름난 사람이 제사를 지낸 뒤 하인들에게 한 잔의 술을 내놓으며 나눠 마시라고 했다. 그러자 어떤 하인이 제안을 하였다.
"술 한 잔을 여럿이 나눠 마시기에는 부족할 테니, 땅바닥에 뱀을 먼저 그린 사람이 다 마시는 게 어떻겠는가?"
하니 모두들 좋다고 하였다.
이에 일제히 땅바닥에 뱀을 그리기 시작했는데, 뱀의 모양을 완성한 하인이 술잔을 들고 말했다.
"이 술은 내가 마시겠네. 난 뱀의 발까지 그렸다네."
그때 뱀을 다 그린 다른 하인이 그의 술잔을 재빨리 빼앗아 단숨에 마셔 버리고는 이렇게 말했다.
"세상에 발 달린 뱀도 있나?"
술잔을 빼앗긴 하인은 공연한 짓을 했다고 후회하였다.

♣ **아래의 빈칸을 채우고, 〈읽기〉 부분을 소리 내어 읽어보시오.**

『推句集』쓰기 −58

〈읽기〉 **풍구/군비안**이요	바람은 떼 지어 나는 기러기를 몰아가고,				
〈구절풀이 순서〉 1 5 2 3 4 • 風 驅 群 飛 雁	風 바람 **풍**	驅 몰 **구**	群 무리 **군**	飛 날 **비**	雁 기러기 **안**

〈읽기〉 **월송/독거주**라	달은 홀로 떠가는 배를 전송하네.				
〈구절풀이 순서〉 1 5 2 3 4 • 月 送 獨 去 舟	月 달 **월**	送 보낼 **송**	獨 홀로 **독**	去 갈 **거**	舟 배 **주**

_____ 년 _____ 월 _____ 일 ㊞

♣ **아래의 시구(詩句)를 해석하고, 그 풀이에 알맞은 그림을 그려 보시오.**
『推句集』 정리하고 쉬어가기 -58

- 風驅/群飛雁이요. 〈해석〉: _____
- 月送/獨去舟라. 〈해석〉: _____

♣ 〈고사성어〉 **三顧草廬**   三 석 **삼**. 顧 돌아볼 **고**. 草 풀 **초**. 廬 오두막 **려**.   • 출전 〈제갈량「출사표」〉

〈뜻풀이〉 초가집을 세 번 찾아간다는 뜻으로,
윗사람이 아랫사람을 데려다 쓰기 위해 각별한 정성을 기울인다는 말.

〈유래〉 한나라 왕실을 부흥시키려고 군사를 일으킨 유비는 군대를 통솔할 유능한 인재가 필요하였다. 어느 날 유비는 사마휘(司馬徽)에게 인재를 천거해 달라고 청하였다. 그러자 복룡(伏龍)과 봉추(鳳雛) 중 한 사람을 얻으라고 하였다. 나중에 복룡이 제갈공명임을 알고 의형제를 맺은 관우, 장비와 함께 수레에 예물을 싣고 제갈량이 사는 양양(襄陽) 땅의 초막을 찾아갔으나 집에 없었다. 그리고 며칠 뒤 또 찾아갔으나 만나지 못했다. 그러자 관우와 장비는 투덜대며 불평을 하였지만 유비는 단념하지 않고 또 다시 방문하여 마침내 신하로 맞아들였다. 유비의 열의에 감동한 제갈량은 유비의 군사가 되어 조조의 100만 대군을 적벽(赤壁)에서 격파하는 등 많은 전공을 세웠다. 제갈량은 충심으로 유비를 보필하여 위(魏)나라의 조조, 오(吳)나라의 손권(孫權)과 더불어 중국 천하를 삼분(三分)하고 촉한(蜀漢)을 세운 명재상이 되었다.

♣ **아래의 빈칸을 채우고, 〈읽기〉 부분을 소리 내어 읽어보시오.**

『推句集』 쓰기 -59

〈읽기〉 **세 우 / 지 중 간** 이요	가랑비는 못 가운데서 볼 수가 있고,				
〈구절풀이 순서〉 　1 2 3 4 5 ● 細 雨 池 中 看	細	雨	池	中	看
	가늘 **세**	비 **우**	못 **지**	가운데 **중**	볼 **간**

〈읽기〉 **미 풍 / 목 말 지** 라	산들바람은 나무 끝에서 알 수 있다네.				
〈구절풀이 순서〉 　1 2 3 4 5 ● 微 風 木 末 知	微	風	木	末	知
	작을 **미**	바람 **풍**	나무 **목**	끝 **말**	알 **지**

_____ 년   월   일 ㊞

♣ 아래의 시구(詩句)를 해석하고, 그 풀이에 알맞은 그림을 그려 보시오.
『推句集』 정리하고 쉬어가기 -59

- 細雨/池中看이요.   〈해석〉: _____
- 微風/木末知라.   〈해석〉: _____

♣ 〈고사성어〉 三人成虎   三 석 삼. 人 사람 인. 成 이룰 성. 虎 범 호.   • 출전 『한비자』

〈뜻풀이〉 거짓된 말도 여러 번 되풀이하면 참인 것처럼 여겨짐을 말함.

〈유래〉 중국 전국시대 때, 위(魏)나라의 태자와 중신 방총(龐葱)은 인질이 되어 조(趙)나라의 한단(邯鄲)으로 가게 되었다. 출발 전에 방총은 심각한 얼굴로 위 혜왕에게 이렇게 물었다.
 "왕께서는 저잣거리에 호랑이가 나타났다고 한다면 믿으시겠습니까?"
 "누가 그런 말을 믿겠소."
 "그렇다면, 두 사람이 저잣거리에 호랑이가 나타났다고 한다면 믿으시겠습니까?"
 "역시 안 믿을 것이오."
 "만약, 세 사람이서 똑같이 아뢴다면 그땐 어떻겠습니까?"
 "그땐 믿게 되겠지요."
 "저잣거리에 호랑이가 나타날 수 없음은 불을 보듯 뻔한 일이지만, 이렇듯 세 사람이서 똑같이 아뢴다면 저잣거리엔 호랑이가 나타난 것으로 되겠지요. 신은 볼모로 조나라의 한단으로 가게 되었는데, 우리 위나라에서 멀리 떨어져 있습니다. 그러니 신이 떠난 뒤에는 저를 비난하는 사람이 세 명보다 많을 것입니다. 왕께서는 그들의 말을 믿지 마소서."
 "누구의 말이든 과인은 두 눈으로 본 것만 믿을 것이오."
 그런데 방총이 한단으로 떠나자마자 왕에게 참언을 하는 자가 있었다. 수년 후에 태자는 인질에서 풀려났으나, 방총은 왕에게 의심을 받아 결국 귀국하지 못했다고 한다.

_____ 년 ____ 월 ____ 일 ㊞

♣ **아래의 빈칸을 채우고, 〈읽기〉 부분을 소리 내어 읽어보시오.**

『推句集』 쓰기 -60

〈읽기〉 **화소/성미청**이요	꽃은 웃는 듯하여도 소리는 들리지 않고,				
〈구절풀이 순서〉	花	笑	聲	未	聽
1 2 3 5 4	꽃 **화**	웃음 **소**	소리 **성**	아닐 **미**	들을 **청**
• 花 笑 聲 未 聽					

〈읽기〉 **조제/누난간**이라	새는 울어대도 눈물은 보기 어렵다네.				
〈구절풀이 순서〉	鳥	啼	淚	難	看
1 2 3 5 4	새 **조**	울 **제**	눈물 **루**	어려울 **난**	볼 **간**
• 鳥 啼 淚 難 看					

_____ 년 _____ 월 _____ 일 ㊞

♣ 아래의 시구(詩句)를 해석하고, 그 풀이에 알맞은 그림을 그려 보시오.
『推句集』 정리하고 쉬어가기 -60

- 花笑/聲未聽 이요, 〈해석〉: _____

- 鳥啼/淚難看 이라. 〈해석〉: _____

♣ 〈고사성어〉 塞翁之馬   塞 변방 새. 翁 늙은이 옹. 之 ~의 지. 馬 말 마.   • 출전 『회남자』

〈뜻풀이〉 세상 일은 변화가 무쌍하여 길흉을 섣불리 단정할 수 없다는 뜻.

〈유래〉 옛날 중국 북방의 군사지역 근처에 점을 잘 치는 한 노인이 살았다.
　그런데 이 노인이 기르던 말이 어느 날 오랑캐 땅으로 달아나버렸다. 마을 사람들이 와서 위로를 건네자 노인은 조금도 아깝다는 기색 없이 태연하게 말했다.
　"누가 알겠소? 이 일이 복이 될런지."
　몇 달이 지나서 길렀던 말이 오랑캐 땅의 좋은 말을 데리고 돌아왔다. 마을 사람들이 좋아하며 축하드리는데
　노인은 조금도 기쁜 얼굴을 짓지 않고 말했다.
　"누가 알겠소? 이 일로 화가 미칠지."
　그런데 말타기를 좋아하는 노인의 아들이 오랑캐 땅의 좋은 말을 타다가 떨어져 그만 다리가 부러져버렸다.
　마을 사람들이 노인에게 위로의 말을 건네는데 노인은 조금의 슬픈 얼굴도 짓지 않고 이렇게 말했다.
　"누가 알겠소? 이 일이 복으로 바뀔지."
　그 후에, 오랑캐들이 침입해 오자 마을의 젊은이들은 전쟁터에 나가 싸우다가 모두 죽었는데, 노인의 아들은 절름발이로 전쟁에 나갈 수 없었기 때문에 무사하였다고 한다.

_____ 년 월 일 ㊞

♣ **아래의 빈칸을 채우고, 〈읽기〉 부분을 소리 내어 읽어보시오.**

『推句集』 쓰기 -61

〈읽기〉 **백로/천점설** 이요	흰 해오라기는 천 점의 눈송이요,				
〈구절풀이 순서〉	白	鷺	千	點	雪
1　2　3　4　5	흰 **백**	해오라기 **로**	일천 **천**	점 **점**	눈 **설**
• 白 鷺 千 點 雪					
·백로 - 왜가릿과의 새를 통틀어 이르는 말.					

〈읽기〉 **황앵/일편금** 이라	누런 꾀꼬리는 한 조각의 황금이라네!				
〈구절풀이 순서〉	黃	鶯	一	片	金
1　2　3　4　5	누를 **황**	꾀꼬리 **앵**	한 **일**	조각 **편**	황금 **금**
• 黃 鶯 一 片 金					

_____ 년 _____ 월 _____ 일 ㊞

♣ 아래의 시구(詩句)를 해석하고, 그 풀이에 알맞은 그림을 그려 보시오.
『推句集』 정리하고 쉬어가기 -61

- 白鷺/千點雪이요. 〈해석〉: _____
- 黃鶯/一片金이라. 〈해석〉: _____

♣ 〈고사성어〉 西施矉目   西 서녘 **서**. 施 베풀 **시**. 矉 찡그릴 **빈**. 目 눈 **목**.   • 출전 『장자』

〈뜻풀이〉 서시가 눈살을 찌푸린다는 뜻으로,
덮어놓고 남의 흉내를 내거나, 남의 단점을 장점인 줄 알고 모방하는 어리석음을 말함.

〈유래〉 중국 춘추 시대 말엽에 월왕(越王) 구천(勾踐)은 오왕(吳王) 부차(夫差)와의 전쟁에서 패한 후, 부차가 방심하도록 최고의 미녀인 서시(西施)를 바쳤다. 그런데 서시는 가슴앓이 병이 있어 고향으로 돌아와 있었다.
　서시는 가슴의 통증이 심해서 걸을 때마다 늘 눈살을 찌푸렸다. 그 마을에 사는 한 추녀(醜女)는 미녀인 서시의 행동을 따라하면 자기도 예쁘게 보일 것으로 믿었다. 그래서 길을 다닐 때 자기도 서시의 흉내내며 눈살을 찌푸리고 다녔다. 추녀의 행동을 본 마을 사람들은 모두 질겁을 하며 집안으로 들어가 대문을 걸어 잠그고 아무도 집 밖으로 나오려 하지 않았다.

_____ 년 _____ 월 _____ 일 ㊞

♣ **아래의 빈칸을 채우고, 〈읽기〉 부분을 소리 내어 읽어보시오.**

『推句集』 쓰기 -62

〈읽기〉 **도리/천기금**이요   복사꽃·오얏꽃은 천개의 베틀에 수놓은 비단이요,

〈구절풀이 순서〉

• 桃 李 千 機 錦
  1 2 3 4 5

·오얏 - '자두'의 옛말.

桃	李	千	機	錦
복숭아 **도**	오얏 **리**	일천 **천**	베틀 **기**	비단 **금**

〈읽기〉 **강산/일화병**이라   강과 산은 한 폭의 그림 같은 병풍이라네.

〈구절풀이 순서〉

• 江 山 一 畫 屛
  1 2 3 4 5

江	山	一	畫	屛
강 **강**	산 **산**	한 **일**	그림 **화**	병풍 **병**

139

_____ 년 _____ 월 _____ 일 ㊞

♣ 아래의 시구(詩句)를 해석하고, 그 풀이에 알맞은 그림을 그려 보시오.

『推句集』 정리하고 쉬어가기 -62

- 桃李/千機錦 이요, 〈해석〉: _____
- 江山/一畫屏 이라. 〈해석〉: _____

♣ 〈고사성어〉 噬臍莫及   噬 씹을 **서**. 臍 배꼽 **제**. 莫 아닐 **막**. 及 미칠 **급**.   • 출전 『춘추좌씨전』

〈뜻풀이〉 배꼽을 물려고 해도 입이 미치지 않는다는 뜻으로,
일이 그릇된 뒤에는 후회하여도 아무 소용이 없음을 비유한 말.

〈유래〉 중국 초(楚)나라 문왕(文王)은 영토를 넓히려고 지금의 하남성(河南省)에 있었던 신(申)나라를 치기로 하였다. 그래서 하남성에 자리한 등(鄧)나라 땅을 지나가게 되었다. 등나라의 왕인 기후(祁侯)는 조카뻘 되는 문왕을 반갑게 맞아들여 진수성찬으로 환대했다. 문왕은 깎듯이 집안 어른으로 대접하고 심심한 감사를 표시하였다. 기후는 초나라와 신나라 간의 일이라고 여겨 초나라 군대가 등나라 땅을 지나감을 대수롭지 않게 여기며 통과를 허락하였다. 그러자 세 명의 현인(賢人)이 나라를 걱정하여 왕에게 대책을 올렸다.

"아뢰옵기 황송하오나 저 초나라 문왕은 곧 우리 등나라를 멸망시킬 것입니다. 그러니 지금 조치하지 않으면 훗날 후회해도 소용이 없을 것입니다. 사향노루는 배꼽의 사향 때문에 자신이 잡혀죽게 됨을 알고 배꼽을 물어뜯으려 하지만 할 수 없는 노릇입니다."

그러나 기후는 펄쩍 뛰며 간언을 듣지 않았다. 그로부터 10년 뒤에, 문왕은 등나라를 침략하였고 기후는 인정을 베풀며 아무런 대비없이 지내다가 멸망당하고 말았다.

_____ 년 _____ 월 _____ 일 ㊞

♣ **아래의 빈칸을 채우고, 〈읽기〉 부분을 소리 내어 읽어보시오.**

『推句集』 쓰기 -63

〈읽기〉 **조숙/지변수**요	새는 못 가의 나무에서 잠자고,				
〈구절풀이 순서〉 1 5 2 3 4 • 鳥 宿 池 邊 樹	鳥	宿	池	邊	樹
	새 **조**	잠잘 **숙**	못 **지**	가 **변**	나무 **수**
	鳥	宿	池	邊	樹

〈읽기〉 **승고/월하문**이라	스님은 달빛 아래서 대문을 두드리네.				
〈구절풀이 순서〉 1 5 2 3 4 • 僧 敲 月 下 門	僧	敲	月	下	門
	중(스님) **승**	두드릴 **고**	달 **월**	아래 **하**	문 **문**
	僧	敲	月	下	門
·퇴고 - 글을 지을 때 여러 번 생각하여 고치고 다듬음. 당나라의 시인 가도가 僧推月下門(승퇴월하문)'이란 시구를 지을 때 推(퇴)'를 敲(고)'로 바꿀까 말까 망설이다가 한유를 만나 그의 조언으로 敲'로 결정하였다는 데에서 유래함.					

_____ 년 _____ 월 _____ 일 ㊞

♣ **아래의 시구(詩句)를 해석하고, 그 풀이에 알맞은 그림을 그려 보시오.**
『推句集』 정리하고 쉬어가기 -63

- 鳥宿/池邊樹요.   〈해석〉: _____
- 僧敲/月下門이라. 〈해석〉: _____

♣ 〈고사성어〉 **先始於隗**   先 먼저 **선**. 始 비로소 **시**. 於 어조사 **어**. 隗 험할 **외**.   • 출전 『전국책』

〈뜻풀이〉 가까이 있는 사람이나 말한 사람부터 시작하라는 뜻.

〈유래〉 중국 전국 시대에 연(燕)나라는 영토를 제(齊)나라에게 거의 절반을 빼앗기고 있었다. 이런 시기에 소왕(昭王)이 임금이 되었는데, 재상 곽외(郭隗)에게 빼앗긴 땅을 회복하기 위해서는 어떤 인재를 써야 하는지를 물었다. 곽외는 이렇게 대답했다.
"신은 이런 이야기를 들었습니다. 옛날에 어떤 왕이 천금(千金)으로 천리마를 구했으나, 3년이 지나도 얻지 못했다고 합니다. 그러다가 한 신하가 자청하므로 왕은 그에게 천금을 주어 사오게 하였습니다. 그는 천리마가 있는 곳을 수소문하여 알아냈으나 천리마는 이미 죽었다고 합니다. 그런데 신하는 죽은 천리마의 뼈를 오백 금을 주고 사와서 바치자, 왕은 살아있는 천리마를 원한 것이지 죽은 말뼈를 사오라고 한 것은 아니라며 크게 꾸짖었습니다. 그러자 신하는 죽은 천리마의 뼈조차 큰돈을 주고 산다는 것을 세상 사람들이 알았으니, 머지않아 천리마를 구할 수 있을 것입니다. 과연 그의 말대로 1년도 채 안 되었는데 천리마가 세 필이나 모였다고 합니다. 그러니 왕께서 참으로 현명한 인재를 구하신다면 먼저 신 곽외부터 스승의 예를 받도록 하옵소서. 그렇게 되면 곽외 같은 자도 저렇게 후대를 받는다고 여기고 저보다 뛰어난 사람들이 천리 길도 멀다 않고 스스로 모여들 것입니다."
소왕은 곽외를 예우하여 황금대(黃金臺)라는 궁전을 짓고 스승으로 삼으니, 이 소문을 들은 천하의 훌륭한 인재들이 연나라로 모여들었고, 소왕은 그들의 도움으로 제나라를 쳐부수고 숙원을 풀었다고 한다.

♣ **아래의 빈칸을 채우고, 〈읽기〉 부분을 소리 내어 읽어보시오.**

『推句集』 쓰기 -64

〈읽기〉 **도천/파저월**이요	노는 물결 밑의 달을 뚫어버리고,

〈구절풀이 순서〉

    1 5 2 3 4
- 棹 穿 波 底 月

· 노 - 물을 헤쳐 배를 나아가게 하는 기구. 나무나 합성수지로 만드는데 물속에 들어가는 부분은 납작하고 손잡이 부분은 가늘게 함.

棹	穿	波	底	月
노 **도**	뚫을 **천**	물결 **파**	밑 **저**	달 **월**

〈읽기〉 **선압/수중천**이라	배는 물속의 하늘을 눌러버리네.

〈구절풀이 순서〉

    1 5 2 3 4
- 船 壓 水 中 天

船	壓	水	中	天
배 **선**	누를 **압**	물 **수**	가운데 **중**	하늘 **천**

_____ 년 _____ 월 _____ 일 ㊞

♣ **아래의 시구(詩句)를 해석하고, 그 풀이에 알맞은 그림을 그려 보시오.**

『推句集』 정리하고 쉬어가기 −64

- 棹穿/波底月 이요, 〈해석〉: _____
- 船壓/水中天 이라. 〈해석〉: _____

♣ 〈고사성어〉 **先則制人**   先 먼저 **선**. 則 곧 **즉**. 制 억제할 **제**. 人 사람 **인**.   • 출전 『사기』

〈뜻풀이〉 선수를 치면 상대편을 제압할 수 있다는 뜻.

〈유래〉 진(秦)나라 천하통일 후에도 폭정이 계속되자 2세 황제 때, 안휘성 기현의 대택향에서 농민군을 이끌고 궐기한 진승(陳勝)과 오광(吳廣)은 장초(張楚)라는 나라를 세우고, 진승은 왕이 되었다. 이를 계기로 강동(江東)의 회계군수(會稽君守) 은통(殷通)도 야심을 품고 항량(項梁)을 불러 거병을 의논하였다. 항량은 옛 초(楚)나라의 명장 항연(項燕)의 아들로, 고향에서 사람을 죽이고 조카인 항우(項羽)와 함께 강동 땅으로 도망와 살면서 타고난 통솔력을 잘 발휘하여 그곳의 실력자로 행세하고 있었다.

"지금 강서 지방에서는 모두들 진나라에 반기를 들었는데, 이는 하늘이 진나라를 멸망코자 하는 때인 것 같소. 내가 듣건대 먼저 손을 쓰면 남을 제압할 수 있고, 뒤지면 남에게 제압을 당한다는 말이 있으니, 나는 그대와 환초를 장군으로 삼아 군사를 일으키려고 하오."

은통은 병법에도 조예가 깊은 항량을 이용해 출세하려는 속셈을 가졌으나, 항량은 그보다 한 수 위였다. 항량은 군사를 일으키려면 우선 환초부터 찾아야 하는데, 그의 행방은 오직 제 조카인 항우가 알고 있으니 밖에 있는 항우에게 명하라고 말했다.

은통은 항우를 불러들이라 하고, 항량은 항우에게 결행하라는 눈짓을 보냈다. 항우가 칼을 빼들어 은통의 목을 치자, 항량은 관아를 점거한 뒤 스스로 회계 군수가 되어 진나라에 대항하였으나 도중에 병으로 죽으니 항우가 초패왕이 되어 훗날 한왕(漢王) 유방(劉邦)과 함께 진나라를 멸망시켰다.

♣ **아래의 빈칸을 채우고, 〈읽기〉 부분을 소리 내어 읽어보시오.**

『推句集』 쓰기 −65

〈읽기〉 **고산/백운기**요   높은 산에서는 흰 구름이 일어나고,

〈구절풀이 순서〉

   1   2   3   4   5
• 高 山 白 雲 起

高	山	白	雲	起
높을 **고**	산 **산**	흰 **백**	구름 **운**	일어날 **기**

〈읽기〉 **평원/방초록**이라   넓은 들에는 향기롭고 꽃다운 풀이 푸르구나!

〈구절풀이 순서〉

   1   2   3   4   5
• 平 原 芳 草 綠

· 방초 − 향기롭고 꽃다운 풀.

平	原	芳	草	綠
평평할 **평**	들 **원**	꽃다울 **방**	풀 **초**	푸를 **록**

_____ 년 ____ 월 ____ 일 ㊞

♣ 아래의 시구(詩句)를 해석하고, 그 풀이에 알맞은 그림을 그려 보시오.
『推句集』 정리하고 쉬어가기 -65

- 高山/白雲起요.   〈해석〉: _____

- 平原/芳草綠이라.   〈해석〉: _____

♣ 〈고사성어〉 成蹊   成 이룰 성. 蹊 지름길 혜.   • 출전 『사기』

〈뜻풀이〉 샛길이 생긴다는 뜻으로,
덕이 있는 사람은 자신을 드러내지 않아도 자연히 사람들이 흠모하여 모여듦을 비유.

〈유래〉 중국 한나라 경제(景帝)때, 북방의 흉노족과 전쟁이 끊이지 않았는데, 이광(李廣)이라는 명장이 대활약을 하였다.
 어느 날, 이광은 불과 100여 기(騎)를 이끌고 적 후방 깊숙이 쳐들어가 기습 공격에 성공했으나 곧 적군에게 포위되고 말았다. 정면으로 뚫고나가기에는 역부족이라고 판단한 이광은 부하들에게 이렇게 명령하였다.
 "침착하게 모두 말에서 내리고 안장을 풀어두어라!"
 적들은 대담한 행동에 깜짝 놀라 어떤 계략이 숨겨져 있을 것으로 의심하며 주춤거렸다. 이때 이광은 10여 기를 이끌고 바람처럼 적진에 들어가 단칼로 적장을 베어버리니 적들은 정신없이 달아나버렸다. 결국 이광은 병사들과 온전히 귀환하였다. 이광의 무공을 칭송하여 사마천(司馬遷)은 《사기(史記)》〈이장군 열전(李將軍列傳)〉에 이렇게 썼다.
 "장군은 말은 잘 못하였으나 그 덕과 성실함은 천하에 알려져 있었다. 복숭아꽃과 오얏꽃이 피면 아무 말을 하지 않아도 그 아름다움에 이끌려 사람들이 구경하러 모이므로 나무 밑에는 자연히 샛길이 생기게 되는 것이다."

♣ **아래의 빈칸을 채우고, 〈읽기〉 부분을 소리 내어 읽어보시오.**

『推句集』 쓰기 -66

〈읽기〉 **수련/천공벽**이요	강물은 하늘과 잇닿아 함께 푸르고,

〈구절풀이 순서〉

1 3 2 4 5
• 水 連 天 共 碧

水	連	天	共	碧
물 **수**	이을 **련**	하늘 **천**	함께 **공**	푸를 **벽**

〈읽기〉 **풍여/월쌍청**이라	바람은 달과 짝이 되어 맑네!

〈구절풀이 순서〉

1 3 2 4 5
• 風 與 月 雙 淸

風	與	月	雙	淸
바람 **풍**	함께 **여**	달 **월**	짝 **쌍**	맑을 **청**

147

_____ 년 월 일 ㊞

♣ **아래의 시구(詩句)를 해석하고, 그 풀이에 알맞은 그림을 그려 보시오.**
『推句集』 정리하고 쉬어가기 -66

- 水連/天共碧이요. 〈해석〉: _____
- 風與/月雙淸이라. 〈해석〉: _____

♣ 〈고사성어〉 **宋襄之仁**   宋 송나라 **송**. 襄 도울 **양**. 之 ~의 **지**. 仁 어질 **인**.   • 출전 『좌전』

〈뜻풀이〉 송나라 양공의 인정이란 뜻으로, 착하기만 하고 수단이 없는 사람을 비유.

〈유래〉 중국 춘추 시대에 송(宋)나라 양공(襄公)이 왕위에 올라 목이를 재상에 임명했다. 제(齊)나라 환공(桓公)이 죽자 송나라에 운석(隕石)이 떨어졌는데, 송양공은 자신이 패자가 될 징조라며 헛된 야망을 품기 시작했다. 재상 목이는 작은 나라가 패권을 다투는 것은 화근을 불러오는 것이라며 걱정을 하였다. 어느 해 여름, 양공은 송나라를 무시하고 초나라와 교류한 정(鄭)나라를 치니, 그해 가을에 정나라를 구원하러 초나라는 대군을 파병하였다. 양공은 초나라 군사를 하남성 홍수에서 맞아 싸우기로 했으나, 초나라 군대가 강을 다 건넸는데도 공격을 하지 않았다. 이를 보고 목이가 참다못해 말씀을 올렸다.
　"적군의 수는 많고 우리 군은 적으니 적군이 싸움준비가 덜 됐을 때 쳐야 합니다."
　그러나 양공은 그 말을 무시하였다.
　"군자는 어떤 경우든 남의 약점을 노리는 비겁한 짓은 하지 않는 법이오."
　양공은 초나라 군사가 싸울 준비가 되자 그제서야 공격 명령을 내렸다. 송나라 군사는 열세를 이겨내지 못하고 참패를 당했고, 양공도 허벅지에 부상을 입었는데 그것이 악화되어 결국 이듬해에 죽고 말았다.

_____ 년 _____ 월 _____ 일 ㊞

♣ **아래의 빈칸을 채우고, 〈읽기〉 부분을 소리 내어 읽어보시오.**

『推句集』 쓰기 -67

〈읽기〉 **산 영/추 불 출**이요	산 그림자는 밀어내도 나가지 않고,				
〈구절풀이 순서〉 1 2 3 5 4 • 山 影 推 不 出	山	影	推	不	出
	산 **산**	그림자 **영**	밀 **추**	아닐 **불**	나갈 **출**
	山	影	推	不	出

〈읽기〉 **월 광/소 환 생**이라	달빛은 쓸어내도 다시 생기네.				
〈구절풀이 순서〉 1 2 3 5 4 • 月 光 掃 還 生	月	光	掃	還	生
	달 **월**	빛 **광**	쓸 **소**	다시 **환**	태어날 **생**
	月	光	掃	還	生

_____ 년 월 일 ㊞

♣ **아래의 시구(詩句)를 해석하고, 그 풀이에 알맞은 그림을 그려 보시오.**
『推句集』 정리하고 쉬어가기 -67

- 山影/推不出 이요. 〈해석〉: _____
- 月光/掃還生 이라. 〈해석〉: _____

♣ 〈고사성어〉 **首鼠兩端**   首 머리 **수**. 鼠 쥐 **서**. 兩 두 **량**. 端 끝 **단**.   • 출전 『사기』

〈뜻풀이〉 구멍에서 머리만 내밀고 좌우를 살피는 쥐라는 뜻으로,
이쪽저쪽 눈치만 살피며 자기에게 이로운 쪽을 택하려는 태도를 이르는 말.

〈유래〉 중국 전한의 무제(武帝) 때, 두영(竇嬰)과 전분(田蚡)은 각기 다른 황후의 외척들이었지만 두영은 세력이 다 한 고참 대장군이었고, 전분은 떠오르는 신진 재상이었다.
　그런데 어느 날, 두영과 친한 관부(灌夫) 장군이 고관 대작들이 모인 연회에서 전분에게 대드는 실수를 범했다. 사건은 한 고관이 두영을 무시한 것을 관부가 힐책(詰責)했는데, 전분이 듣고서 그 고관을 두둔하였다. 관부가 한사코 사죄하기를 거부하자 이 일은 결국 조회에서 논의하기에 이르렀다. 무제는 양쪽 주장을 다 듣고서 중신들에게 물었다.
　"경들이 보기엔 어느 쪽이 잘못이 있소?"
　처음에는 의견이 팽팽했으나 시간이 지나면서 두영의 추종자로 알려진 내사벼슬의 정당시(鄭當時)조차 우물쭈물 얼버무리고, 어사대부 한안국(韓安國)도 대답을 회피하였다.
　무제는 중신들의 불분명한 의견태도에 실망하여 자리를 떠버렸다. 전분은 한안국을 책망했다.
　"그대는 어찌하여 구멍에서 머리만 내밀고 좌우를 살피는 쥐처럼 망설였는가? 이 사건은 옳고 그름이 불을 보듯 뻔한데……."

♣ **아래의 빈칸을 채우고, 〈읽기〉 부분을 소리 내어 읽어보시오.**

『推句集』쓰기 -68

〈읽기〉 **수조/부환몰**이요   물새는 떠올랐다가 다시 잠기고,

〈구절풀이 순서〉
   1 2 3 4 5
• 水 鳥 浮 還 沒

水	鳥	浮	還	沒
물 **수**	새 **조**	뜰 **부**	다시 **환**	가라앉을 **몰**

〈읽기〉 **산운/단부련**이라   산 구름은 끊겼다가 다시 이어지는구나!

〈구절풀이 순서〉
   1 2 3 4 5
• 山 雲 斷 復 連

山	雲	斷	復	連
산 **산**	구름 **운**	끊을 **단**	다시 **부**	이을 **련**

_____ 년 월 일 ㊞

♣ **아래의 시구(詩句)를 해석하고, 그 풀이에 알맞은 그림을 그려 보시오.**
『推句集』 정리하고 쉬어가기 -68

- 水鳥/浮還沒 이요. 〈해석〉: _____
- 山雲/斷復連 이라. 〈해석〉: _____

♣ 〈고사성어〉 **水滴穿石**　　水 물 **수**. 滴 물방울 **적**. 穿 뚫을 **천**. 石 돌 **석**.　　• 출전 『학림옥로』

〈뜻풀이〉 작은 노력이라도 끊임없이 계속하면 큰일을 이룰 수 있음을 비유.

〈유래〉 중국 송(宋)나라 때, 장괴애(張乖崖)라는 사람이 있었다. 그가 숭양현(崇陽縣)의 현령으로 재직하고 있었는데, 하루는 관아를 살피며 돌아다니다가 창고에서 급히 나오는 관원과 마주쳤는데 그 관원이 흠칫 놀라는 것을 보고 수상쩍어 불러 세웠다. 그리고 상대방이 우물쭈물하며 대답을 못해서 나졸들을 불러 몸수색을 시켰는데 그의 상투 속에서 엽전 한 닢이 나왔다.
"이게 무슨 돈이냐? 창고에서 훔친 것이렸다."
마침내 관원은 사실을 말하고 용서를 빌었지만, 장괴애는 일단 옥에 가두고 다음날 재판을 열어 사형 판결을 내렸다.
"고작 돈 한 푼 훔친 것으로 사형판결을 내리다니요!"
그 말을 듣자 장괴애는 얼굴이 노기로 붉게 물들며 크게 호통을 쳤다.
"닥쳐라! 네놈은 상습범이 아니냐. 하루 한 닢씩 100일이면 100닢, 1,000일이면 1,000닢이 된다. 먹줄에 따라 나무가 잘라지고, 물방울이 돌에 떨어져 구멍을 낸다는 말을 모르는가? 네놈은 우리 고을의 재정을 망칠 놈이다."
그리고는 계단 아래 꿇어앉아 있는 죄인의 목을 치고 말았다.

____ 년 ____ 월 ____ 일 ㊞

♣ **아래의 빈칸을 채우고, 〈읽기〉 부분을 소리 내어 읽어보시오.**

『推句集』쓰기 -69

〈읽기〉 **월이/산영개**요	달이 옮겨가니 산의 그림자도 바뀌고,				
〈구절풀이 순서〉	月	移	山	影	改
1 2 3 4 5	달 **월**	옮길 **이**	산 **산**	그림자 **영**	고칠 **개**
• 月 移 山 影 改					

〈읽기〉 **일하/누흔소**라	해가 떨어지니 누대의 흔적도 사라지네!				
〈구절풀이 순서〉	日	下	樓	痕	消
1 2 3 4 5	해 **일**	아래 **하**	다락 **루**	자취 **흔**	사라질 **소**
• 日 下 樓 痕 消					

년 월 일 ㊞

♣ **아래의 시구(詩句)를 해석하고, 그 풀이에 알맞은 그림을 그려 보시오.**
『推句集』 정리하고 쉬어가기 -69

- 月移/山影改 요. 〈해석〉: _____
- 日下/樓痕消 라. 〈해석〉: _____

♣ 〈고사성어〉 **守株待兎**   守 지킬 **수**. 株 그루터기 **주**. 待 기다릴 **대**. 兎 토끼 **토**.   • 출전: 『한비자』

〈뜻풀이〉 어떤 착각에 빠져 되지도 않을 일을 공연히 고집하는 어리석음을 비유하는 말.

〈유래〉 한비자(韓非子)는 요임금과 순임금을 이상으로 여기고 따르는 유가의 왕도정치(王道政治)를 시대와 맞지 않는 사상이라고 주장하였다. 그래서 성인은 옛 것을 따라 지키는 것을 바라지 않으며, 항상 통용되는 것으로 법도를 삼지 않으며, 시대에 맞게 세상의 일을 논의해서 적합한 제도를 만든다고 하였다.

송나라의 어떤 사람이 밭을 갈고 있었다. 밭 가운데에 그루터기가 있었는데 달려가던 토끼가 그루터기에 목을 부딪쳐 죽었다. 그러자 농부는 쟁기를 버려두고 그루터기를 지키며 또 토끼 얻기를 기다렸지만 다시는 얻지 못하였고, 자신은 송나라 사람들의 웃음거리가 되었다. 그러니 옛 왕들의 정치하는 방법을 가지고 지금의 백성들을 다스린다고 한다면 이것은 그루터기를 지키는 부류와 같다고 할 수 있다.

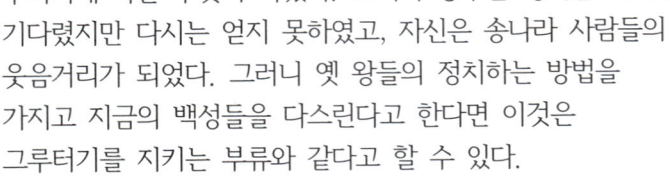

_____ 년 _____ 월 _____ 일 ㉑

♣ **아래의 빈칸을 채우고, 〈읽기〉 부분을 소리 내어 읽어보시오.**

『推句集』 쓰기 –70

〈읽기〉 **천 장**/**거 무 집** 이요	하늘은 긴 거리라서 올라가도 잡을 수 없고,
〈구절풀이 순서〉 　　1　2　3　5　4 • 天 長 去 無 執	天　長　去　無　執 하늘 **천**　긴 **장**　갈 **거**　없을 **무**　잡을 **집**

〈읽기〉 **화 로**/**접 불 래** 라	꽃은 오래되어 시들면 나비도 찾아오지 않는다네.
〈구절풀이 순서〉 　　1　2　3　5　4 • 花 老 蝶 不 來	花　老　蝶　不　來 꽃 **화**　늙을 **로**　나비 **접**　아니 **불**　올 **래**

155

_____ 년 _____ 월 _____ 일 ㉣

♣ 아래의 시구(詩句)를 해석하고, 그 풀이에 알맞은 그림을 그려 보시오.
『推句集』 정리하고 쉬어가기 -70

- 天長/去無執이요. 〈해석〉: _____
- 花老/蝶不來라. 〈해석〉: _____

♣ 〈고사성어〉 **孫順埋兒** 孫 성씨 **손**. 順 순할 **순**. 埋 묻을 **매**. 兒 아이 **아**. • 출전 『삼국유사』

〈뜻풀이〉 자신의 아이를 땅에 묻음으로써 어머니를 봉양하려 한 효행 설화를 말함.

〈유래〉 신라 시대 때, 손순은 아버지가 돌아가시자 품팔이로 어머니를 봉양하였다. 자식이 어머니의 밥을 빼앗아 먹으니, 부부가 의논하여 자식을 파묻기로 결정하였다. 아이를 취산(醉山) 북쪽으로 데려가 묻으려고 땅을 파내려가니 석종이 나왔다.

　부부는 놀라고 이상하여 그냥 종을 쳐 보니 아름다운 소리가 났다. 처는 특이한 물건을 얻었으니 이것은 아이의 복으로 아이를 묻지 말자고 하여 그냥 되돌아왔다.

　그 석종을 대들보에 매달아 치니 종소리가 대궐에까지 들렸다. 왕은 이 아름다운 종소리의 연유를 알아 오게 하였더니 그런 사정이 있었다. 왕은 부부의 효행이 가상하여 집과 식량을 하사하였다.

　손순은 자신의 집을 절로 바꾸어 짓도록 하여 홍효사(弘孝寺)를 창건하고, 그 절에 석종을 안치했다.

_____ 년 _____ 월 _____ 일 ㊞

♣ **아래의 빈칸을 채우고, 〈읽기〉 부분을 소리 내어 읽어보시오.**

『推句集』쓰기 -71

〈읽기〉 **초월/장군궁**이요	초승달은 장군의 활이고,				
〈구절풀이 순서〉	初	月	將	軍	弓
• 初¹ 月² 將³ 軍 弓⁴	처음 **초**	달 **월**	거느릴 **장**	군대 **군**	활 **궁**
·장군 - 군의 우두머리로 군을 지휘하고 통솔하는 무관. 힘이 아주 센 사람을 비유적으로 이르는 말.					

〈읽기〉 **유성/장사시**라	흐르는 별은 장사의 화살이라네.				
〈구절풀이 순서〉	流	星	壯	士	矢
• 流¹ 星² 壯³ 士 矢⁴	흐를 **류**	별 **성**	씩씩할 **장**	병사 **사**	화살 **시**
·장사 - 몸이 우람하고 힘이 아주 센 사람.					

_____ 년 월 일 ㊞

♣ **아래의 시구(詩句)를 해석하고, 그 풀이에 알맞은 그림을 그려 보시오.**

『推句集』 정리하고 쉬어가기 -71

- 初月/將軍弓이요, 〈해석〉: _____
- 流星/壯士矢라. 〈해석〉: _____

♣ 〈고사성어〉 脣亡齒寒   脣 입술 순. 亡 잃을 망. 齒 이 치. 寒 찰 한.   • 출전『춘추좌씨전』

〈뜻풀이〉 입술이 없으면 이가 시리다는 뜻으로,
이해관계가 서로 밀접하여 한쪽이 망하면 다른 한쪽도 보전하기 어려움을 비유한 말.

〈유래〉 중국 춘추 시대 말엽에 진(晉)나라 헌공(獻公)이 괵(虢)과 우(虞)나라를 공략 할 때의 일이다.

 괵나라를 침공하려면 반드시 우나라 땅을 통과해야 한다. 그래서 진나라 헌공은 우공이 길을 빌려주면 많은 재물을 주겠다고 하였다. 우공이 이 제의를 수락하려고 하니 궁지기(宮之奇)라는 신하는 극구 반대했다.

 "전하! 괵나라와 우나라는 한 몸이나 다름없어서 괵나라가 망하면 우리 우나라도 망하게 됩니다. 옛 말에도 덧방나무와 수레는 서로 의지하는 사이이며 입술이 없으면 이가 시리게 된다고 하였는데, 이는 괵나라와 우나라를 두고 한 말입니다. 괵나라를 치려는 진나라에 길을 빌려준다는 것은 말이 안 되는 소리입니다."

 "경은 오해를 하고 있는 것 같소. 진나라와 우리 우나라는 모두 주황실에서 갈라져 나왔는데 친척끼리 해를 끼치겠는가?"

 "전하! 괵나라도 친척입니다. 그러나 진나라는 친척의 정리를 잃은 지 오래되었는데, 친척인 제(齊)나라 환공(桓公)과 초(楚)나라 장공(莊公)의 겨레붙이까지 죽인 일이 있습니다. 그러니 무도한 진나라를 믿지 마소서."

 그러나 우공은 궁지기의 말을 듣지않고 진나라에 길을 내주었다가 괵나라를 침략하고 돌아오는 길에 우나라도 멸망시키고 우공을 포로로 잡아갔다. 궁지기는 화가 미칠 것을 염려하여 미리 가족을 피신시켰다.

_____ 년   월   일 ㊞

♣ **아래의 빈칸을 채우고, 〈읽기〉 부분을 소리 내어 읽어보시오.**

『推句集』 쓰기 –72

〈읽기〉 **소지**/**황금출**이요	마당을 청소하니 황금이 나오고,

〈구절풀이 순서〉

• 掃₂ 地₁ 黃₃ 金 出₄

掃	地	黃	金	出
쓸 **소**	땅 **지**	누를 **황**	황금 **금**	날 **출**

〈읽기〉 **개문**/**만복래**라	대문을 여니 만복이 들어오네.

〈구절풀이 순서〉

• 開₂ 門₁ 萬₃ 福 來₄

開	門	萬	福	來
열 **개**	문 **문**	일만 **만**	복 **복**	올 **래**

·만복 – 온갖 복.

_____ 년 _____ 월 _____ 일 ㊞

♣ 아래의 시구(詩句)를 해석하고, 그 풀이에 알맞은 그림을 그려 보시오.
『推句集』 정리하고 쉬어가기 –72

- 掃地/黃金出이요. 〈해석〉: _____
- 開門/萬福來라. 〈해석〉: _____

♣ 〈고사성어〉 視吾舌   視 볼 시. 吾 나 오. 舌 혀 설.   • 출전 『사기』

〈뜻풀이〉 내 혀를 보아라는 뜻으로, 비록 몸이 망가졌어도 혀만 살아 있으면 뜻을 펼 수 있다는 말.

〈유래〉 중국 전국 시대 때 위(魏)나라에 장의(張儀)라는 가난한 사람이 있었다. 소진(蘇秦)과 함께 귀곡자(鬼谷子)에게 음양과 권모술수를 배웠다. 장의는 자기의 능력을 써 줄 사람을 찾아다니다가 초(楚)나라 재상 소양(昭陽)의 식객이 되었다.
　어느 날, 소양은 초왕(楚王)이 하사한 화씨지벽(和氏之璧)이라는 보물을 부하들에게 보이는 잔치를 베풀었다. 그런데 이 구슬이 감쪽같이 사라져 버렸다. 그러자 모두가 장의를 범인으로 지목한 바람에 수십 대의 매질까지 당했으나 장의는 끝내 부인하였고 매를 맞고 실신하자, 소양은 그를 방면하였다. 장의가 초주검이 되어 집에 돌아오니 아내가 눈물을 흘리며 말했다.
"어쩌다가 이렇게까지 되셨나요?"
그러자 장의는 혀를 쑥 내밀어 보이며 이렇게 물었다.
"내 혀를 살펴보게. 아직 붙어 있는가? 없는가?"
아내는 어이가 없어서 웃으며 대답했다.
"혀는 있습니다."
"그럼, 됐소."
몸은 불편해도 괜찮으나 혀가 없으면 유세를 할 수 없기 때문이다. 장의는 말재주를 앞세워 진나라의 재상이 되어 연횡책(連衡策)을 써서 소진이 이룩한 합종책을 깨는 데 성공했다.

♣ **아래의 빈칸을 채우고, 〈읽기〉 부분을 소리 내어 읽어보시오.**

『推句集』 쓰기 −73

〈읽기〉 **조 축 / 화 간 접** 이요   새들은 꽃 사이의 나비를 쫓아가고,

〈구절풀이 순서〉
　　1　5　2　3　4
• 鳥 逐 花 間 蝶

鳥	逐	花	間	蝶
새 **조**	쫓을 **축**	꽃 **화**	사이 **간**	나비 **접**

〈읽기〉 **계 쟁 / 초 중 충** 이라   닭들은 풀 속의 벌레를 다투네.

〈구절풀이 순서〉
　　1　5　2　3　4
• 鷄 爭 草 中 蟲

鷄	爭	草	中	蟲
닭 **계**	다툴 **쟁**	풀 **초**	가운데 **중**	벌레 **충**

♣ **아래의 시구(詩句)를 해석하고, 그 풀이에 알맞은 그림을 그려 보시오.**

『推句集』 정리하고 쉬어가기 -73

- 鳥逐/花間蝶이요, 〈해석〉: _____

- 鷄爭/草中蟲이라. 〈해석〉: _____

♣ 〈고사성어〉 **餓死狙公**   餓 주릴 **아**. 死 죽을 **사**. 狙 원숭이 **저**. 公 존칭 **공**.   • 출전 『욱리자』

〈뜻풀이〉 굶어 죽은 저공이라는 뜻으로,
아무 하는 일 없이 남의 노력의 대가에 의지하여 살아가는 것을 경계하는 말.

〈유래〉 중국 초나라에 원숭이에 의지하며 생활하는 사람이 있었는데, 사람들은 '저공'이라고 불렀다. 저공은 아침마다 마당에 원숭이들을 모아놓고 몇 개의 무리로 나눈 뒤에 늙은 원숭이를 산으로 끌고 가 초목의 열매를 따오게 했다. 그리고는 따온 열매 중에서 십분의 일을 거두어서 생활을 하였다. 혹시라도 원숭이가 열매를 바치지 않으면 채찍으로 때리기도 했다. 모든 원숭이들은 이것을 두려워하며 괴롭게 여기면서도 감히 어기지는 못했다. 그러던 어느 날, 작은 원숭이가 여러 원숭이들에게 말했다.

"산의 과일나무는 저공이 심었나요?"
"심은 것이 아니라 저절로 자란 것이지."
"저공만이 따 먹을 수 있는 건가요?"
"누구나 따 먹을 수 있지."
"그런데 우리들은 왜 저공에게 의지하며 부림을 당해야 하나요?"

말이 채 끝나기도 전에 모든 원숭이들은 깨닫게 되었다. 그날 밤 원숭이들은 저공이 잠들자 울타리를 부수고, 저공이 모아 둔 과일들을 가지고 숲속으로 들어가서 다시는 돌아오지 않았다. 저공은 결국 굶어서 죽었다.

♣ **아래의 빈칸을 채우고, 〈읽기〉 부분을 소리 내어 읽어보시오.**

『推句集』쓰기 -74

〈읽기〉 **조 훤** / **사 등 수** 요	새가 지저귀니 뱀이 나무 위로 오르고,				
〈구절풀이 순서〉	鳥	喧	蛇	登	樹
1 2 3 5 4	새 **조**	지껄일 **훤**	뱀 **사**	오를 **등**	나무 **수**
• 鳥 喧 蛇 登 樹					
·지껄이다 - 큰 소리로 떠들썩하게 자꾸 이야기함.					

〈읽기〉 **견 폐** / **객 도 문** 이라	개가 짖어대니 길손이 대문에 이르렀겠네.				
〈구절풀이 순서〉	犬	吠	客	到	門
1 2 3 5 4	개 **견**	짖을 **폐**	손님 **객**	이를 **도**	문 **문**
• 犬 吠 客 到 門					
·길손 - 먼 길을 가는 나그네.					

_____ 년 ____ 월 ____ 일 ㊞

♣ 아래의 시구(詩句)를 해석하고, 그 풀이에 알맞은 그림을 그려 보시오.
『推句集』 정리하고 쉬어가기 -74

- 鳥喧/蛇登樹요.　〈해석〉: _____

- 犬吠/客到門이라.　〈해석〉: _____

♣ 〈고사성어〉 雁書　　雁 기러기 안. 書 글 서.　　• 출전 『한서』

〈뜻풀이〉 철따라 이동하는 기러기가 먼 곳에 소식을 전한다는 뜻으로, 편지를 말함.

〈유래〉 중국 한(漢)나라 소제(昭帝)는 19년 전, 흉노(匈奴) 땅에 억류당한 소무(蘇武)를 귀환시키기 위해 특사를 파견했다. 특사는 흉노의 우두머리인 선우(單于)를 만나 소무의 석방을 요구하니, 소무는 여러 해 전에 이미 죽었다며 대화에 응하지 않았다. 그날 밤, 상혜(常惠)라는 사람이 은밀히 특사의 숙소로 찾아와서 말하였다.
　"나는 소무를 따라왔다가 흉노에 내란이 생기는 바람에 일행이 모두 잡혔는데 그 중에서 투항한 사람이요. 소무는 투항을 거부해 북해(北海:바이칼 호) 가로 추방당하여 아직도 그곳에서 혼자 살아가고 있소."
　다음 날 특사는 선우를 만나서 따지듯이 꾸며서 말하였다.
　"내가 여기 오기 전에 황제께서 사냥을 하시어 기러기 한 마리를 잡았는데, 그 기러기 발목에 헝겊이 감겨 있어 풀어보니 소무는 대택(大澤:큰 못) 근처에 있다고 적혀 있었소. 그러니 소무가 살아 있는 게 분명하지 않소?"
　선우는 안색이 변하여 부하와 이야기를 나누더니 이렇게 말했다.
　"어제는 잘 모르고 실언을 하였는데 그는 살아 있다고 하오."
　며칠 후 소무를 데려왔는데 몰골이 말이 아니었으나, 한나라 사신의 증표인 부절(符節)을 손에 쥐고 있었다고 한다. 이 일로 인해 편지를 '안서'라고 일컫게 되었다.

♣ **아래의 빈칸을 채우고, 〈읽기〉 부분을 소리 내어 읽어보시오.**

『推句集』쓰기 −75

〈읽기〉 **고 봉 / 탱 천 립** 이요	높은 봉우리는 하늘을 버티며 서 있고,				
〈구절풀이 순서〉 　　1　2　4　3　5 • 高 峯 撑 天 立	高	峯	撑	天	立
	높을 **고**	봉우리 **봉**	버틸 **탱**	하늘 **천**	설 **립**

〈읽기〉 **장 강 / 할 지 거** 라	긴 강물은 땅을 가르며 흘러가네.				
〈구절풀이 순서〉 　　1　2　4　3　5 • 長 江 割 地 去	長	江	割	地	去
	긴 **장**	강 **강**	벨 **할**	땅 **지**	갈 **거**

_____ 년 ___ 월 ___ 일 ㊞

♣ 아래의 시구(詩句)를 해석하고, 그 풀이에 알맞은 그림을 그려 보시오.

『推句集』 정리하고 쉬어가기 −75

- 高峯/撐天立 이요. 〈해석〉: _____
- 長江/割地去 라.   〈해석〉: _____

♣ 〈고사성어〉 眼中之釘   眼 눈 안. 中 가운데 중. 之 ~의 지. 釘 못 정.   • 출전 『오대사보』

〈뜻풀이〉 눈에 박힌 못이라는 뜻으로, 미워서 보기 싫은 상대를 비유.

〈유래〉 중국 당나라 말기에 조재례(趙在禮)라는 악명 높은 탐관오리가 있었다. 그는 많은 뇌물을 고관대작에게 상납하여 출세 길에 올랐는데 후량(後梁)·후당(後唐)·후진(後晉)의 세 나라 왕조에서 절도사를 역임했다.

송주(宋州:하남성 내)에서 백성들의 재물을 엄청나게 착취한 조재례가 영흥(永興)의 절도사로 영전되어 옮겨가게 되자 송주의 백성들은 춤을 추며 기뻐하였다.

"그 놈이 떠난다니 이제 살았네. 눈에 박힌 못이 빠진 것 같이 시원하구나!"

이런 말이 전해지자 조재례는 화가 나서 보복을 하려고 1년 더 유임시켜 줄 것을 조정에 청원하여 허락되자, 그는 '못 빼기에 쓸 돈(발정전)'이라 이름붙이고 1,000푼 씩 납부하라는 명령을 내렸다. 미납자는 감옥에 가두거나 매질을 하였는데, 이렇게 착취한 돈이 1년간에 줄잡아 100만 관(貫)이 훨씬 넘었다고 한다.

♣ **아래의 빈칸을 채우고, 〈읽기〉 부분을 소리 내어 읽어보시오.**

『推句集』 쓰기 -76

〈읽기〉 **벽해/황룡택**이요   푸른 바다는 황룡의 집이요,

碧	海	黃	龍	宅
푸를 **벽**	바다 **해**	누를 **황**	용 **룡**	집 **택**

〈구절풀이 순서〉
　　1 2 3 4 5
• 碧 海 黃 龍 宅

〈읽기〉 **청송/백학루**라   푸른 소나무는 흰 학의 누대라네.

青	松	白	鶴	樓
푸를 **청**	소나무 **송**	흰 **백**	학 **학**	누대 **루**

〈구절풀이 순서〉
　　1 2 3 4 5
• 青 松 白 鶴 樓

_____ 년 _____ 월 _____ 일 ㊞

♣ 아래의 시구(詩句)를 해석하고, 그 풀이에 알맞은 그림을 그려 보시오.
『推句集』 정리하고 쉬어가기 -76

- 碧海/黃龍宅이요. 〈해석〉: _____
- 靑松/白鶴樓라.   〈해석〉: _____

♣ 〈고사성어〉 **良禽擇木**   良 좋을 **량**. 禽 새 **금**. 擇 가릴 **택**. 木 나무 **목**.   • 출전 『춘추좌씨전』

〈뜻풀이〉 현명한 사람은 자기 재능을 키워줄 훌륭한 사람을 잘 택하여 섬긴다는 뜻.

〈유래〉 중국 춘추 시대에 공자는 치국(治國)의 도에 대해 각 나라를 다니며 유세(遊說)를 하였는데, 다음은 위(衛)나라에 갔을 때의 일이다. 위나라의 공문자(孔文子)가 대숙질(大叔疾)을 공격하기 위한 대책을 공자에게 상의하니 이렇게 대답하였다.
  "제사에 대해서는 배운 일이 있지만, 전쟁에 대해서는 전혀 모릅니다."
  공자는 그 자리에서 물러 나오자마자 제자에게 서둘러 떠날 준비를 하라고 지시하였다. 제자가 그 이유를 물으니 공자는 한시라도 위나라를 빨리 떠나겠다고 하시면서 다음과 같이 말하였다.
  "훌륭한 새는 나무를 가려서 둥지를 튼다. 마찬가지로 남의 신하가 되려고 한다면 당연히 훌륭한 군주를 선택하여 섬겨야 하느니라."
  공문자는 이 말을 전해 듣고 객사로 공자를 찾아와 의중을 전하고 귀국을 만류하였다. 그때 공자는 노(魯)나라에서 사람을 보내와 귀국을 간청하자 고향 생각에 노나라로 돌아갔다.

_____ 년 ____ 월 ____ 일 ㊞

♣ **아래의 빈칸을 채우고, 〈읽기〉 부분을 소리 내어 읽어보시오.**

『推句集』 쓰기 −77

〈읽기〉 **월 도 / 오 동 상** 이 요   달은 오동나무 가지 위에 이르고,

〈구절풀이 순서〉

    1 4 2 3
- 月 到 <u>梧 桐</u> 上

·오동나무 - 낙엽 활엽 교목으로 우리나라 특산종이며 남부 지방의 인가 근처에 분포한다. 높이는 15미터 정도이며, 잎은 마주나고 넓은 심장 모양이다. 재목은 가볍고 고우며 휘거나 트지 않아 거문고, 장롱, 나막신을 만들고 정원수로 재배함.

月	到	梧	桐	上
달 **월**	이를 **도**	오동나무 **오**	오동나무 **동**	위 **상**

〈읽기〉 **풍 래 / 양 류 변** 이 라   바람은 버드나무 줄기 가로 불어오네.

〈구절풀이 순서〉

    1 4 2 3
- 風 來 <u>楊 柳</u> 邊

·양류 - 버드나뭇과 버드나무속의 식물을 통틀어 이르는 말.

風	來	楊	柳	邊
바람 **풍**	올 **래**	버드나무 **양**	버드나무 **류**	가 **변**

_____ 년 월 일 ㊞

♣ **아래의 시구(詩句)를 해석하고, 그 풀이에 알맞은 그림을 그려 보시오.**
『推句集』 정리하고 쉬어가기 -77

- 月到/梧桐上 이요. 〈해석〉: _____
- 風來/楊柳邊 이라. 〈해석〉: _____

♣ 〈고사성어〉 **藥籠中物** 藥 약 **약**. 籠 농 **롱**. 中 가운데 **중**. 物 만물 **물**.   • 출전 『당서』

〈뜻풀이〉 약농 속의 약품이란 뜻으로, 항상 곁에 없어서는 안 될 긴요한 인물 또는 물건을 말함.

〈유래〉 중국 당나라의 고종(高宗)은 아버지 태종(太宗)이 죽자 태종의 후궁이었던 측천무후(則天武后)의 재색(才色)을 탐내 후궁으로 삼았다가 나중에 황후로 맞아들였다. 황후는 고종이 죽은 뒤 스스로 황제라 칭하고 국호를 주(周)라고 하여, 중국 역사상 전무후무한 여제(女帝)가 되었다.
　그 무렵, 재상으로 이름난 적인걸(狄仁傑)은 청렴 강직하고 식견이 높아 무후를 보필하며 직간(直諫)을 하고, 어지러운 정치를 바로잡고, 민생의 안정을 도모하였을 뿐 아니라 유능한 선비를 벼슬길에 추천하는 등, 조정의 안팎으로부터 존경을 받았다. 따라서 적인걸의 문하에는 수많은 인재가 모여들었다. 그 중에서 원행충(元行沖)은 박학다재(博學多才)하였는데, 어느 날 적인걸에게 이렇게 말했다.
　"상공(相公) 댁에는 '맛있는 것(훌륭한 인재)'이 많습니다. 혹 과식하시어 배탈이 나는 일이 없도록 저 같은 쓴 약도 곁에 놔두십시오."
　그러자 적인걸은 웃으며 말했다.
　"자네야말로 약롱 속의 약물이니 하루라도 곁에 없어서는 안 되고말고."

♣ **아래의 빈칸을 채우고, 〈읽기〉부분을 소리 내어 읽어보시오.**

『推句集』쓰기 -78

〈읽기〉 **군성/진벽천**이요   뭇 별들은 푸른 하늘에 진을 치며 벌려있고,

〈구절풀이 순서〉
　　1 2 5 3 4
• 群 星 陣 碧 天

群	星	陣	碧	天
무리 **군**	별 **성**	진칠 **진**	푸를 **벽**	하늘 **천**

〈읽기〉 **낙엽/전추산**이라   떨어지는 나뭇잎은 가을 산에서 싸움질하며 뒹구네.

〈구절풀이 순서〉
　　1 2 5 3 4
• 落 葉 戰 秋 山

落	葉	戰	秋	山
떨어질 **락**	잎 **엽**	싸움 **전**	가을 **추**	산 **산**

_____ 년 _____ 월 _____ 일 ㊞

♣ 아래의 시구(詩句)를 해석하고, 그 풀이에 알맞은 그림을 그려 보시오.
『推句集』 정리하고 쉬어가기 -78

- 群星/陣碧天이요.   〈해석〉: _____
- 落葉/戰秋山이라.   〈해석〉: _____

♣ 〈고사성어〉 **羊頭狗肉**   羊 양 **양**. 頭 머리 **두**. 狗 개 **구**. 肉 고기 **육**.   • 출전 『항언록』

〈뜻풀이〉 밖에는 양 머리를 걸어 놓고 안에서는 개고기를 판다는 뜻으로,
겉과 속이 다른 속임수를 꼬집는 말.

〈유래〉 중국 춘추시대에 제(齊)나라 영공(靈公)은 궁중 여인들에게 남장(男裝)을 하게 하고 감상하는 별난 취미가 있었다.
  그러자 백성들 사이에도 유행되어 남장 여인이 날로 늘어났다. 이에 영공은 재상인 안영(晏嬰)에게 궁 밖에서의 남장 여인들은 처벌한다는 금령을 내리도록 하였다. 그런대도 유행은 수그러들지 않으니 영공이 안영에게 그 까닭을 물었다.
  "왕께서는 궁중의 여인들에게는 남장을 허용하시면서 궁 밖의 여인들에게는 하지 말라는 금령을 내렸사옵니다. 이것은 가게 밖에는 양 머리를 걸어 놓고 장사한다면서 안에서는 개고기를 파는 것과 같습니다. 이제라도 궁중의 여인들에게 남장을 금한다고 하시면, 궁 밖의 여인들도 감히 남장을 하지 못할 것입니다."
  영공은 안영의 말을 듣고 즉시 궁중의 여인들에게 남장을 금한다는 명령을 내렸다. 그러자 이튿날부터 제나라에서는 남장 여인을 찾아볼 수 없었다고 한다.

♣ **아래의 빈칸을 채우고, 〈읽기〉 부분을 소리 내어 읽어보시오.**

『推句集』 쓰기 −79

〈읽기〉 **잠어/약청파**요   자맥질하는 물고기는 맑은 물결에서 뛰놀고,

〈구절풀이 순서〉

　　1　2　5　3　4
• 潛 魚 躍 淸 波

·자맥질하다 - 물속에서 팔다리를 놀리며 떴다 잠겼다 하는 짓.

潛	魚	躍	淸	波
자맥질할 **잠**	물고기 **어**	뛸 **약**	맑을 **청**	물결 **파**
潛	魚	躍	淸	波

〈읽기〉 **호조/명고지**라   아름다운 새는 높은 가지에서 운다네.

〈구절풀이 순서〉

　　1　2　5　3　4
• 好 鳥 鳴 高 枝

好	鳥	鳴	高	枝
아름다울 **호**	새 **조**	울 **명**	높을 **고**	가지 **지**
好	鳥	鳴	高	枝

♣ **아래의 시구(詩句)를 해석하고, 그 풀이에 알맞은 그림을 그려 보시오.**

『推句集』 정리하고 쉬어가기 -79

- 潛魚/躍淸波 요.　　〈해석〉: _____

- 好鳥/鳴高枝 라.　　〈해석〉: _____

♣ 〈고사성어〉 梁上君子　　梁 대들보 량. 上 위 상. 君 임금 군. 子 아들 자.　　• 출전 『후한서』

〈뜻풀이〉 대들보 위의 군자라는 뜻으로, 도둑을 가리키는 말.

〈유래〉 중국 후한 말엽에 진식(陳寔)이 태구현의 현령으로 있을 때였다. 그는 늘 겸손한 자세로 백성들의 고충을 헤아리고 매사를 공정하게 처리하여 백성들의 존경을 받았다.

그런데 어느 해 흉년이 들어 백성들의 생계가 몹시 곤란해졌다. 어느 날 밤, 진식이 대청에서 독서를 하고 있는데 어떤 사내가 몰래 대들보 위로 숨어들었다. 진식은 모르는 척하면서 계속 책을 읽다가 아들과 손자들을 대청으로 불러 모으고 이렇게 말했다.

"사람은 스스로 노력하지 않으면 안 된다. 악인이라도 모두 본성이 악해서 그런 것은 아닌데, 습관이 어느덧 성품이 돼서 악행을 저지르게 되느니라. 이를테면 저 대들보 위의 군자도 그렇다고 할 수 있다."

그러자 도둑이 대들보에서 뛰어내려 마룻바닥에 머리를 조아리며 사죄를 한다. 진식이 그를 바라보다가 입을 열었다.

"네 얼굴을 보아하니 악인은 아닌 것 같은데, 오죽이나 어려웠으면 이런 짓을 했겠느냐!"

진식은 도둑에게 비단 두 필을 주어 보냈다.

_____ 년 ____ 월 ____ 일 ㊞

♣ **아래의 빈칸을 채우고, 〈읽기〉 부분을 소리 내어 읽어보시오.**

『推句集』 쓰기 -80

〈읽기〉 **우후/간생슬**이요   비온 뒤의 시냇물은 비파소리를 내고,

雨	後	澗	生	瑟
비 **우**	뒤 **후**	산골물 **간**	날 **생**	비파 **슬**

〈구절풀이 순서〉

　　1　2　3　5　4
● 雨 後 澗 生 瑟

· 비파 - 동양 현악기의 하나. 몸체는 길이 60~90cm의 둥글고 긴 타원형이며, 자루는 곧고 짧다. 인도·중국을 거쳐 우리나라에 들어왔는데, 네 줄의 당비파와 다섯 줄의 향비파가 있음.

〈읽기〉 **풍전/송주금**이라   바람 앞의 소나무는 거문고를 연주하네.

風	前	松	奏	琴
바람 **풍**	앞 **전**	소나무 **송**	연주할 **주**	거문고 **금**

〈구절풀이 순서〉

　　1　2　3　5　4
● 風 前 松 奏 琴

· 거문고 - 우리나라 현악기의 하나. 오동나무와 밤나무를 붙여 만든 장방형의 통 위에 명주실을 꼬아 만든 여섯 개의 줄이 걸쳐 있다. 술대로 줄을 뜯어서 연주하는데, 관현악에 반드시 편성되며 독주 악기로도 널리 사용함.

_____ 년 _____ 월 _____ 일 ㊞

♣ 아래의 시구(詩句)를 해석하고, 그 풀이에 알맞은 그림을 그려 보시오.
『推句集』 정리하고 쉬어가기 -80

- 雨後/澗生瑟이요. 〈해석〉: _____
- 風前/松奏琴이라. 〈해석〉: _____

♣ 〈고사성어〉 **漁父之利**　漁 고기잡을 **어**. 父 아비 **부**. 之 ~의 **지**. 利 이로울 **리**.　• 출전 『전국책』

〈뜻풀이〉 어부의 이득이라는 뜻으로, 쌍방이 다투는 사이에 엉뚱한 제삼자가 이득을 챙긴다는 말.

〈유래〉 중국 전국시대, 연(燕)나라에 기근이 들어 나라살림이 어렵게 되자 조(趙) 혜문왕(惠文王)은 이 기회에 침략 준비를 하였다. 불안해진 연나라 소왕(昭王)은 소대(蘇代)를 파견하여 조나라의 침략 준비를 중지시켜달라고 부탁했다.

　조나라에 도착한 소대는 혜문왕을 설득했다.
　"오늘 귀국으로 들어오는데 역수(易水)를 건너오며 강변을 바라보니 큰 조개가 살을 내놓고 햇볕을 쬐고 있었습니다. 그때 도요새가 날아와 잽싸게 뾰족한 부리로 조갯살을 쪼으니, 놀란 조개가 조가비를 굳게 닫아 부리를 물고는 둘이서 실랑이를 하였습니다. 도요새는 '이대로 오늘도 내일도 비가 내리지 않으면 너는 말라죽게 돼' 라고 하니, 조개도 '오늘도 내일도 부리를 놓아주지 않으면 너야말로 굶어 죽게 될 것이다' 라고 맞받아쳤습니다. 이렇게 서로 양보 없이 맞서다가 지나가던 어부에게 둘 다 사로잡히고 말았습니다.

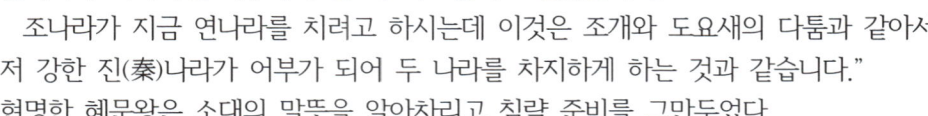

　조나라가 지금 연나라를 치려고 하시는데 이것은 조개와 도요새의 다툼과 같아서 저 강한 진(秦)나라가 어부가 되어 두 나라를 차지하게 하는 것과 같습니다."
　현명한 혜문왕은 소대의 말뜻을 알아차리고 침략 준비를 그만두었다.

_____ 년 _____ 월 _____ 일 ㊞

♣ **아래의 빈칸을 채우고, 〈읽기〉 부분을 소리 내어 읽어보시오.**

『推句集』 쓰기 −81

〈읽기〉 **마행/천리로**요	말은 천 리 길을 달려가고,				
〈구절풀이 순서〉	馬	行	千	里	路
· 馬¹ 行⁴ 千² 里³ 路	말 **마**	갈 **행**	일천 **천**	거리 **리**	길 **로**
·천리 - 멀리 떨어져 있는 거리.					

〈읽기〉 **우경/백무전**이라	소는 백 이랑의 밭을 쟁기질하네.				
〈구절풀이 순서〉	牛	耕	百	畝	田
· 牛¹ 耕⁴ 百² 畝³ 田	소 **우**	밭갈 **경**	일백 **백**	이랑 **묘**	밭 **전**
·이랑 - 밭 넓이의 단위, 갈아놓은 논이나 밭을 갈아 골을 타서 두두룩하게 흙을 쌓아 만든 곳.					
·쟁기질 - 쟁기를 부려 논밭을 가는 일.					

_____ 년 _____ 월 _____ 일 ㊞

♣ **아래의 시구(詩句)를 해석하고, 그 풀이에 알맞은 그림을 그려 보시오.**
『推句集』 정리하고 쉬어가기 -81

- 馬行/千里路요.　　〈해석〉: _____

- 牛耕/百畝田이라.　〈해석〉: _____

♣ 〈고사성어〉 **餘桃之罪**　　餘 남을 **여**. 桃 복숭아 **도**. 之 ~의 **지**. 罪 죄 **죄**.　　• 출전 『한비자』

〈뜻풀이〉 먹다 남은 복숭아를 먹인 죄란 뜻으로, 애정과 증오의 변화가 심함을 비유.

〈유래〉 중국 전국 시대에 위(衛)나라 왕이 총애하는 미자하(彌子瑕)라는 예쁜 남자아이가 있었다. 어느 날 미자하는 어머니의 병 소식에 몰래 임금의 수레를 타고 집으로 달려갔다. 임금의 수레를 함부로 타면 월형(사람의 발뒤꿈치를 자르는 형벌)을 받게 되는데 미자하의 이야기를 들은 왕은 오히려 칭찬하고 용서해 주었다.
　"효자로구나. 어미를 위해 월형도 두려워하지 않으니……."
　또 한 번은 왕을 모시고 과수원을 거닐다가 복숭아를 따서 깨물어 보니 아주 달고 맛있어서 그것을 바치니 왕이 기뻐하며 말했다.
　"자기 먹을 과일을 과인에게 주는구나!"
　세월이 흘러 미자하의 예쁜 자태가 사라지자 왕의 총애도 엷어졌다. 어느 날, 미자하가 죄를 짓자 왕은 지난 일을 상기하며 이렇게 말했다.
　"이놈은 과인의 수레를 몰래 탔고, 게다가 먹다 남은 복숭아를 과인에게 먹인 적도 있었다."
　이처럼 한 번 애정을 잃으면 칭찬 받았던 일도 오히려 화로 바뀌어 벌을 받게 되는 것이다.

♣ **아래의 빈칸을 채우고, 〈읽기〉 부분을 소리 내어 읽어보시오.**

『推句集』 쓰기 -82

〈읽기〉 **마 행** / **구 수 후** 요	어미 말이 길 떠나니 망아지가 뒤따르고,				
〈구절풀이 순서〉 　1　2　3　5　4 • 馬 行 駒 隨 後 ·망아지 - 말의 새끼.	馬	行	駒	隨	後
	말 **마**	갈 **행**	망아지 **구**	따를 **수**	뒤 **후**

〈읽기〉 **우 경** / **독 와 원** 이라	어미 소가 밭을 가니 송아지가 들판에 누워있네.				
〈구절풀이 순서〉 　1　2　3　5　4 • 牛 耕 犢 臥 原 ·송아지 - 어린 소.	牛	耕	犢	臥	原
	소 **우**	밭갈 **경**	송아지 **독**	누울 **와**	들판 **원**

_____ 년 _____ 월 _____ 일 ㊞

♣ 아래의 시구(詩句)를 해석하고, 그 풀이에 알맞은 그림을 그려 보시오.
『推句集』 정리하고 쉬어가기 -82

- 馬行/駒隨後요. 〈해석〉: _____

- 牛耕/犢臥原이라. 〈해석〉: _____

♣ 〈고사성어〉 緣木求魚   緣 좇을 연. 木 나무 목. 求 구할 구. 魚 물고기 어.   • 출전 『맹자』

〈뜻풀이〉 나무에 올라 물고기를 구한다는 뜻으로,
목적과 수단이 맞지 않아 불가능한 일을 굳이 하려 함을 비유하는 말.

〈유래〉 중국 전국시대에 맹자(孟子)는 제후들을 찾아다니며 인의(仁義)를 나라 다스리는 근본으로 삼는 왕도정치론(王道政治論)을 유세 중이었다. 그러나 무력과 책략을 수단으로 삼는 패도정치(覇道政治)의 시대였으므로, 제나라 선왕(宣王)은 춘추 시대의 패자(覇者)였던 제나라 환공(桓公)과 진(晉)나라 문공(文公)에 대해 맹자에게 의견을 물었다.
 "전하의 대망은 천하통일을 하고, 사방의 오랑캐들까지 복종시키려는 것이 아니옵니까? 그러나 무력으로 천하통일을 이루려는 것은 나무에 올라가 물고기를 구하는 것과 같습니다."
 무력이라는 방법을 써서 천하통일의 목적을 달성할 수 없다는 말을 듣고 선왕은 깜짝 놀라서 물었다.
 "그토록 무리한 일이 되오?"
 "오히려 그보다 더 심합니다. 나무에 올라 물고기를 구하는 일은 물고기만 구하지 못할 뿐 뒷걱정은 없지만, 패도정치를 실시하여 실패하게 되면 나라가 멸망하는 재난이 닥칠 것입니다."
 제나라 선왕은 맹자의 왕도정치론을 경청하였다고 한다.

♣ **아래의 빈칸을 채우고, 〈읽기〉 부분을 소리 내어 읽어보시오.**

『推句集』 쓰기 -83

〈읽기〉 **구 주 / 매 화 락** 이요 　　개가 달려가니 매화꽃이 떨어지고,

〈구절풀이 순서〉

　　1　2　3　4　5
• 狗 走 梅 花 落

狗	走	梅	花	落
개 **구**	달릴 **주**	매화나무 **매**	꽃 **화**	떨어질 **락**
狗	走	梅	花	落

〈읽기〉 **계 행 / 죽 엽 성** 이라 　　닭이 지나가니 댓닢이 이루어지네.

〈구절풀이 순서〉

　　1　2　3　4　5
• 鷄 行 竹 葉 成

鷄	行	竹	葉	成
닭 **계**	갈 **행**	대 **죽**	잎 **엽**	이룰 **성**
鷄	行	竹	葉	成

_____ 년 _____ 월 _____ 일 ㊞

♣ 아래의 시구(詩句)를 해석하고, 그 풀이에 알맞은 그림을 그려 보시오.

『推句集』 정리하고 쉬어가기 -83

- 狗走/梅花落 이요, 〈해석〉: _____
- 鷄行/竹葉成 이라. 〈해석〉: _____

♣ 〈고사성어〉 **五里霧中**   五 다섯 **오**. 里 거리 **리**. 霧 안개 **무**. 中 가운데 **중**.   • 출전 『후한서』

〈뜻풀이〉 사물의 행방 또는 사태의 추이를 전혀 알 수 없음을 비유.

〈유래〉 중국 후한(後漢) 순제(順帝) 때 장해(張楷)라는 학자가 있었다. 순제가 여러 차례 벼슬을 시키려고 했지만, 병을 핑계 대고 벼슬길에 나아가지 않았다. 장해는 《춘추(春秋)》와 《고문상서(古文尚書)》에 통달한 학자로 따르는 문하생이 백 명에 이르렀다. 더구나 전국 각지에서 학식과 명망이 높은 선비들과 벼슬이 높은 사람들까지 찾아오니 그들과 만나기 싫어서 화음산(華陰山) 기슭으로 낙향하고 말았다. 그런데도 장해를 따라온 문하생과 학자들로 인해 그의 집은 저자처럼 붐벼서 나중에는 화음산 남쪽으로 장해의 호를 딴 공초(公超)라는 저잣거리까지 생겼다고 한다.

장해는 학문의 경지가 높았지만, 도술(道術)에도 능하여 만나기 싫은 사람이 찾아오면 사방 5리에 안개를 일으켜 그 안에 숨어버렸다고 한다.

_____ 년   월   일 ㊞

♣ **아래의 빈칸을 채우고, 〈읽기〉 부분을 소리 내어 읽어보시오.**

『推句集』 쓰기 -84

〈읽기〉 **죽순/황독각**이요   죽순은 누렁 송아지의 뿔이요,

〈구절풀이 순서〉

• 竹 筍 黃 犢 角
  1 2 3 4 5

·죽순 - 대나무의 땅속줄기에서 돋아나는 어리고 연한 싹.

竹	筍	黃	犢	角
대 **죽**	죽순 **순**	누를 **황**	송아지 **독**	뿔 **각**

〈읽기〉 **궐아/소아권**이라   고사리 순은 어린아이의 주먹이라네.

〈구절풀이 순서〉

• 蕨 芽 小 兒 拳
  1 2 3 4 5

·고사리 - 봄철에 어린잎이 돋아나 꼬불꼬불하게 말리고 흰 솜털과 같은 털에 싸여 있는 식물.

蕨	芽	小	兒	拳
고사리 **궐**	싹 **아**	작을 **소**	아이 **아**	주먹 **권**

_____ 년 ___ 월 ___ 일 ㊞

♣ **아래의 시구(詩句)를 해석하고, 그 풀이에 알맞은 그림을 그려 보시오.**
『推句集』 정리하고 쉬어가기 -84

- 竹筍/黃犢角이요. 〈해석〉: _____
- 蕨芽/小兒拳이라. 〈해석〉: _____

♣ 〈고사성어〉 **五十步百步**　五 다섯 오 + 열 십 步 걸음 보 百 일백 백 步 걸음 보　• 출전 『맹자』

〈뜻풀이〉 한 사람은 50걸음을 또 다른 사람은 100걸음을 도망쳤다는 뜻으로,
정도의 차이는 있을망정 근본적 차이는 없다는 말.

〈유래〉 위나라 양혜왕은 백성을 보살피고 군비를 충실히 하여 국력을 키우고 있었다. 맹자를 만나 다음과 같은 질문을 하였다.
　"하내(河內)에 흉년이 들면 하동(河東)의 곡식을 옮겨 구휼하고, 하동에 흉년이 들면 또한 그렇게 합니다. 다른 나라는 저처럼 하지 않는데 왜 우리 나라의 백성이 늘어나지 않습니까?"
　"왕께서 전쟁을 좋아하시니 전쟁으로 비유해 드리겠습니다. 북을 둥둥둥 울려 싸움이 시작되었는데 갑옷과 무기를 버리고 군사들이 달아나고 있습니다. 어떤 자는 50보를 도망가서 멈추고, 어떤 자는 100보를 도망가서 멈추었습니다. 50보 도망간 사람이 100보 도망간 사람을 겁쟁이라고 비웃는다면 어떻겠습니까?"
　"100보는 아니지만 50보를 도망간 것도 역시 도망친 것입니다."
　그러자 맹자가 왕에게 충고하였다.
　"그렇다면 왕께서도 이웃 나라보다 백성이 많아지기를 바라지 마십시오."

_____ 년 _____ 월 _____ 일 ㊞

♣ **아래의 빈칸을 채우고, 〈읽기〉 부분을 소리 내어 읽어보시오.**

『推句集』 쓰기 -85

〈읽기〉 **천 청 / 일 안 원** 이요   하늘이 맑으니 한 마리 기러기도 멀리 보이고,

〈구절풀이 순서〉

   1 2 3 4 5
- 天 淸 一 雁 遠

天	淸	一	雁	遠
하늘 **천**	맑을 **청**	한 **일**	기러기 **안**	멀 **원**

〈읽기〉 **해 활 / 고 범 지** 라   바다가 넓으니 외로운 돛단배도 더디 가는구나!

〈구절풀이 순서〉

   1 2 3 4 5
- 海 闊 孤 帆 遲

海	闊	孤	帆	遲
바다 **해**	넓을 **활**	외로울 **고**	돛단배 **범**	더딜 **지**

·돛단배 - 돛을 달아 풍력을 이용하여 항해하는 배.

_____ 년 월 일 ㊞

♣ 아래의 시구(詩句)를 해석하고, 그 풀이에 알맞은 그림을 그려 보시오.
『推句集』 정리하고 쉬어가기 -85

- 天淸/一雁遠 이요. 〈해석〉: _____
- 海闊/孤帆遲 라. 〈해석〉: _____

♣ 〈고사성어〉 吳越同舟   吳 오나라 **오**. 越 월나라 **월**. 同 한가지 **동**. 舟 배 **주**.   • 출전 『손자』

〈뜻풀이〉 서로 미워하면서도 공통의 어려움이나 이해에 대해서는 협력하는 경우를 비유하는 말.

〈유래〉《손자》라는 유명한 병법서로 중국 춘추 시대 오나라의 장군 손무(孫武)가 쓴 책이다.
　《손자》〈구지편(九地篇)〉에는 다음과 같은 글이 있다.
　"병법에는 아홉 가지의 지형이 있는데 그 중 최후의 것을 사지(死地)라 한다. 망설임 없이 일어나 싸우면 살길이 생기고, 기가 꺾여 망설이면 패망하여 죽는 지형이다. 그러므로 사지에서는 싸워야 활로(活路)가 열린다. 나아갈 수도 물러설 곳도 없음을 알면 병사들은 한마음과 한뜻이 되어 죽을 각오로 싸울 것이기 때문이다. 이때 장수의 용병술(用兵術)은 상산(常山)에 사는 솔연(率然)이란 큰 뱀의 몸놀림과 같이 머리를 치면 꼬리가 날아오고 꼬리를 치면 머리로 덤벼들며, 또 몸통을 치면 머리와 꼬리가 한꺼번에 덤벼들 듯이 일치단결하는 상황을 만드는 것이 중요하다.

　옛날부터 오나라 사람과 월나라 사람은 서로 미워하는 사이인데, 그들이 같은 배를 타고 강을 건너려고 할 때 폭풍을 만나게 되면 위험에서 벗어나기 위해 서로 돕는 것이 마치 왼손과 오른손이 서로 협력하는 것과 같은 것이다."

♣ **아래의 빈칸을 채우고, 〈읽기〉부분을 소리 내어 읽어보시오.**

『推句集』쓰기 -86

〈읽기〉 **화발/문장수**요   꽃은 문장이라는 나무에서 피고,

〈구절풀이 순서〉

• 花 發 文 章 樹
　1　4　2　3

·문장 - 생각이나 감정을 말과 글로 표현할 때 완결된 내용을 나타내는 최소의 단위.

花	發	文	章	樹
꽃 **화**	필 **발**	글월 **문**	글 **장**	나무 **수**

〈읽기〉 **월출/장원봉**이라   달은 장원이라는 봉우리 위로 솟아오르네.

〈구절풀이 순서〉

• 月 出 壯 元 峰
　1　4　2　3

·장원 - 과거에서, 갑과에 첫째로 급제함. 또는 그런 사람.

月	出	壯	元	峰
달 **월**	날 **출**	씩씩할 **장**	으뜸 **원**	봉우리 **봉**

_____ 년 _____ 월 _____ 일 ㉘

♣ **아래의 시구(詩句)를 해석하고, 그 풀이에 알맞은 그림을 그려 보시오.**
『推句集』 정리하고 쉬어가기 -86

- 花發/文章樹요,　〈해석〉: _____
- 月出/壯元峰이라.　〈해석〉: _____

♣ 〈고사성어〉 **蝸角之爭**　蝸 달팽이 **와**. 角 뿔 **각**. 之 ~의 **지**. 爭 다툴 **쟁**.　• 출전 『장자』

〈뜻풀이〉 달팽이 촉각 위에서의 싸움이란 뜻으로, 아무 소용도 없는 싸움을 말함.

〈유래〉 중국 전국시대에 위(魏)나라 혜왕(惠王)은 맹약을 저버린 제(齊)나라 위왕(威王)의 응징책을 논의했으나 의견이 분분하여 대진인(戴晉人)에게 의견을 묻기로 하였다. 대진인이 위 혜왕에게 달팽이를 아시냐고 물어 안다고 하자 이렇게 말하였다.
　"이 달팽이의 왼쪽 촉각 위에는 촉씨(觸氏)가, 오른쪽 촉각 위에는 만씨(蠻氏)가 각자 나라를 세우고 있었습니다. 어느 날 그들은 서로 영토 싸움을 벌였는데 죽은 자가 수만 명에 이르고, 도망가는 적을 추격한 지 보름 만에 전쟁을 멈추었다고 합니다."
　혜왕이 엉터리 같은 이야기라고 반박하자, 대진인은 우주의 끝이 있는 지를 물었고 혜왕은 끝은 없는 것 같다고 대답하였다.
　"그렇다면 그 무궁한 세계에 마음을 노닐게 하는 자에게는 사람이 사는 지상의 나라 따위는 있는 것도 같고 없는 것도 같은 하찮은 것이라고 할 수 있습니다. 그 나라들 가운데 위나라가 있고, 위나라 안에 대량이라는 도읍이 있으며, 그 도읍의 궁궐 안에 전하가 계십니다. 이렇듯 우주의 무궁함에 비유한다면, 제나라와 전쟁을 시작하시려는 전하와 달팽이 촉각 위에서 촉씨와 만씨가 싸우는 것과 무슨 차이가 있겠습니까?"
　대진인의 말뜻을 이해한 혜왕은 제 위왕의 응징책 논의를 중단하였다고 한다.

♣ **아래의 빈칸을 채우고, 〈읽기〉 부분을 소리 내어 읽어보시오.**

『推句集』 쓰기 -87

〈읽기〉 **유색/황금눈**이요   버드나무 빛깔은 누런 금처럼 곱고,

〈구절풀이 순서〉
1 2 3 4 5
• 柳 色 黃 金 嫩

柳	色	黃	金	嫩
버드나무 **류**	빛 **색**	누를 **황**	황금 **금**	고울 **눈**

〈읽기〉 **이화/백설향**이라   배나무 꽃은 흰 눈 같은데 향기롭네.

〈구절풀이 순서〉
1 2 3 4 5
• 梨 花 白 雪 香

梨	花	白	雪	香
배나무 **리**	꽃 **화**	흰 **백**	눈 **설**	향기 **향**

_____ 년 _____ 월 _____ 일 ㊞

♣ **아래의 시구(詩句)를 해석하고, 그 풀이에 알맞은 그림을 그려 보시오.**
『推句集』 정리하고 쉬어가기 -87

- 柳色/黃金嫩이요. 〈해석〉: _____

- 梨花/白雪香이라. 〈해석〉: _____

♣ 〈고사성어〉 **臥薪嘗膽** 臥 누울 **와**. 薪 섶나무 **신**. 嘗 맛볼 **상**. 膽 쓸개 **담**. • 출전 『사기』

〈뜻풀이〉 섶 위에서 잠을 자고 쓸개를 핥는다는 뜻으로,
목적을 달성하기 위해 어떤 고난도 감수하는 정신을 말함.

〈유래〉 중국 춘추 시대, 월왕(越王) 구천(勾踐)과의 싸움에서 대패한 오왕(吳王) 합려(闔閭)는 손가락 부상까지 겹쳐 목숨을 잃었다. 합려는 태자 부차(夫差)에게 아비의 꼭 원수를 갚아달라고 유언을 하였다. 오왕이 된 부차는 아버지의 유언을 잊지 않으려고 섶 위에서 잠자고, 방을 드나드는 신하들에게 아버지의 유언을 외치게 했다.
"부차야! 월왕 구천이 네 아비 죽인 것을 잊지 말아라." 그때마다 부차는 아버지께 약속한 말을 그대로 하였다.
"예, 결코 잊지 않고 3년 안에 원수를 갚겠습니다." 그러면서 부차는 은밀히 군사를 양성하며 때를 기다렸다. 이 사실을 안 구천은 선제공격을 했으나, 복수심에 불탄 오나라 군사에 대패하여 회계산(會稽山)으로 도망가 포위를 당하였다. 위기에 빠진 구천은 범려의 계책대로 오나라 재상 백비(伯嚭)를 뇌물로 매수하고 부차에게는 신하가 되겠다며 항복을 청원했다. 이때 오자서(伍子胥)는 후환을 남기지 말고 지금 구천을 쳐야 한다고 말했지만, 부차는 백비의 진언으로 구천의 항복청원을 받아들였다.
구천은 오나라 속국이 된 고국에 돌아오자 쓸개를 곁에 놔두고 항상 쓴맛을 보면서 회계산의 치욕을 잊지 않았다. 그리고 왕비와 함께 밭 갈고 길쌈하며 군사훈련에도 힘썼다. 12년 뒤, 부차가 천하의 패자(覇者)가 되기 위해 제후들과 만나는 사이에 오나라로 쳐들어가 7년 전쟁을 치른 뒤 결국 부차를 굴복시키고 회계산의 치욕을 씻었다. 이에 부차는 자결을 하였고, 월왕 구천은 천하의 패자가 되었다.

_____ 년 _____ 월 ____ 일 ㊞

♣ **아래의 빈칸을 채우고, 〈읽기〉 부분을 소리 내어 읽어보시오.**

『推句集』 쓰기 -88

〈읽기〉 **녹수/구전경**이요   푸른 물결은 갈매기 앞에 펼쳐진 거울이고,

〈구절풀이 순서〉

　1　2　3　4　5
• 綠 水 鷗 前 鏡

綠	水	鷗	前	鏡
푸를 **록**	물 **수**	갈매기 **구**	앞 **전**	거울 **경**

〈읽기〉 **청송/학후병**이라   푸른 솔은 학 뒤에 세워진 병풍이라네.

〈구절풀이 순서〉

　1　2　3　4　5
• 靑 松 鶴 後 屛

·병풍 - 바람을 막거나 무엇을 가리거나 또는 장식용으로 방 안에 치는 물건. 직사각형으로 짠 나무틀에 종이를 바르고 그림이나 글씨를 붙이기도 하며 소(素)로 꾸미기도 한다. 두 폭으로부터 짝수로 열두 폭까지 한데 잇따라 접었다 폈다 하게 되어있음.

靑	松	鶴	後	屛
푸를 **청**	소나무 **송**	학 **학**	뒤 **후**	병풍 **병**

_____ 년 ____ 월 ____ 일 ㊞

♣ 아래의 시구(詩句)를 해석하고, 그 풀이에 알맞은 그림을 그려 보시오.

『推句集』 정리하고 쉬어가기 -88

- 綠水/鷗前鏡이요,　〈해석〉: _____

- 靑松/鶴後屛이라.　〈해석〉: _____

♣ 〈고사성어〉 完璧　完 완전할 완. 璧 둥근옥 벽.　•출전 『사기』

〈뜻풀이〉 온전한 구슬이라는 뜻으로, 흠이 없는 완전한 것을 비유하는 말.

〈유래〉 중국 전국 시대, 조(趙) 혜문왕(惠文王)은 화씨지벽(和氏之璧)이라는 보물을 가지고 있었다. 진(秦) 소양왕(昭襄王)은 이 보물을 탐내어 조나라에 사신을 보내 15개의 성(城)과 맞바꾸자고 제의했다. 혜문왕은 제의를 거절하면 침략해 올 것이고, 화씨지벽을 넘겨주면 그냥 빼앗기게 생겨서 난처하였으나, 결국 강한 진나라의 제의를 받아들이기로 하였다. 그리고 보물을 가지고 갈 사신을 뽑는 데 대부 목현(繆賢)이 자신의 식객으로 지모와 담력이 뛰어난 인상여(藺相如)를 추천하였다. 인상여는 협상이 이뤄지지 않으면 구슬을 온전히 하여 가지고 오겠다고 약속하였다.
　화씨지벽을 받아든 소양왕은 감탄하여 기쁜 빛이 얼굴에 가득했으나, 약속한 15개 성은 말도 꺼내지 않았다. 이런 일을 예상했던 인상여는 조용히 말했다.
　"전하! 그 구슬에는 남들이 모르는 흠집이 있사온데 제게 주시면 알려드리겠습니다."
　인상여는 구슬을 건네받자 궁궐 기둥 옆으로 다가가서 소양왕을 노려보며 말했다.
　"전하께서 약속하신 15개 성을 넘겨주실 때까지 이 구슬을 제가 갖고 있겠습니다. 그럴 수 없다고 하시면 화씨지벽은 저의 머리와 함께 이 기둥에 부딪쳐 깨질 것입니다." 소양왕은 화씨지벽이 염려되어 인상여를 일단 숙소로 돌려보냈다. 인상여는 화씨지벽을 부하에게 넘겨 서둘러 귀국시켰다. 이에 소양왕은 화가 나서 인상여를 죽이려고 했으나, 신의 없는 군왕이란 소리를 들을까봐 살려 보냈다. 이리하여 화씨지벽은 '온전한 구슬'로 되돌아왔고, 인상여는 그 공으로 상대부(上大夫)가 되었다.

_____ 년 월 일 ㊞

♣ **아래의 빈칸을 채우고, 〈읽기〉부분을 소리 내어 읽어보시오.**

『推句集』쓰기 -89

〈읽기〉 **우마/창포도**요   비는 창포 잎을 갈아서 칼날처럼 세우고,

雨	磨	菖	蒲	刀
비 **우**	갈 **마**	창포 **창**	창포 **포**	칼 **도**

〈구절풀이 순서〉

• 雨¹ 磨³ 菖² 蒲 刀⁴

·창포 - 천남성과의 여러해살이 풀로 높이는 70~100cm이며, 온몸에 향기가 있다. 뿌리는 약용하고 단오에 창포물을 만들어 머리를 감거나 술을 빚는다. 연못이나 도랑의 가장자리에서 자라는데 우리나라 등지에 분포함.

〈읽기〉 **풍소/양류발**이라   바람은 버들가지를 빗질하여 머리카락인양 다듬네.

風	梳	楊	柳	髮
바람 **풍**	빗 **소**	버드나무 **양**	버드나무 **류**	머리털 **발**

〈구절풀이 순서〉

• 風¹ 梳³ 楊² 柳 髮⁴

_____ 년 월 일 ㊞

♣ **아래의 시구(詩句)를 해석하고, 그 풀이에 알맞은 그림을 그려 보시오.**
『推句集』 정리하고 쉬어가기 -89

- 雨磨/菖蒲刀요, 〈해석〉: _____
- 風梳/楊柳髮이라. 〈해석〉: _____

♣ 〈고사성어〉 **愚公移山**　愚 어리석을 **우**. 公 존칭 **공**. 移 옮길 **이**. 山 메 **산**.　•출전『열자』

〈뜻풀이〉 우공이 산을 옮긴다는 뜻으로, 무슨 일이든 꾸준히 노력하면 달성하게 된다는 말.

〈유래〉 먼 옛날 태행산(太行山)과 왕옥산(王玉山) 사이의 우공(愚公)이라는 나이 90세에 가까운 노인이 살았다. 이 산들은 둘레가 700리, 높이가 만 길이나 되어 집의 앞뒤를 가로막아 왕래하기가 불편하였다. 그래서 우공은 가족회의를 열어 가족과 함께 산을 옮기기로 하였다. 그는 아들, 손자와 함께 산을 허물고 돌을 깨어 삼태기에 담아 발해까지 가서 버리고 왔는데 한 번 왕복하는데 꼬박 1년이 걸렸다고 한다. 어느 날 하곡에 사는 지수(知叟)라는 노인이 이 사실을 알고 비웃으며 말하였다.

"노인네가 살날도 얼마 남지 않은 것 같은데, 그 약한 힘으로 어떻게 그 많은 돌과 흙을 운반하려 하는가?"

그러자 우공이 태연히 말했다.

"당신은 어찌 그렇게 소견이 좁은가? 내가 죽더라도 나에게는 자식이 남아있고, 그 자식이 손자를 낳고, 그 손자가 다시 자식을 낳지 않겠는가? 이렇게 우리는 자자손손 대를 이어가지만, 산은 결코 불어나는 일이 없으니 언젠가는 산이 평평해질 날이 오지 않겠소."

이에 지수는 아무 말도 못했지만, 이 말을 듣고 산신령은 깜짝 놀라 옥황상제에게 호소하니 옥황상제가 우공의 정성에 감동하여 기주 남쪽, 하양 북쪽에 있는 이 산들을 지금의 자리로 옮겨주었다고 한다.

♣ **아래의 빈칸을 채우고, 〈읽기〉 부분을 소리 내어 읽어보시오.**

『推句集』 쓰기 -90

〈읽기〉 **부경/창해거** 요	물오리는 푸른 바다를 밭 갈듯이 지나며 떠가고,

〈구절풀이 순서〉	鳧	耕	蒼	海	去
1 4 2 3 5 • 鳧 耕 蒼 海 去	오리 **부**	밭갈 **경**	푸를 **창**	바다 **해**	갈 **거**

〈읽기〉 **노할/청산래** 라	백로는 푸른 산을 칼질하듯 베며 날아오네.

〈구절풀이 순서〉	鷺	割	靑	山	來
1 4 2 3 5 • 鷺 割 靑 山 來	백로 **로**	벨 **할**	푸를 **청**	산 **산**	올 **래**

_____ 년   월   일 ㊞

♣ **아래의 시구(詩句)를 해석하고, 그 풀이에 알맞은 그림을 그려 보시오.**
『推句集』 정리하고 쉬어가기 -90

- **鳧耕/蒼海去**요,　〈해석〉: _____

- **鷺割/靑山來**라.　〈해석〉: _____

♣ 〈고사성어〉 **月下氷人**　月 달 **월**. 下 아래 **하**. 氷 얼음 **빙**. 人 사람 **인**.　• 출전 『태평광기』, 『진서』

〈뜻풀이〉 월하로(月下老)와 빙상인(氷上人)이 합쳐진 글자로, 중매쟁이를 말함.

〈유래〉 ① 당나라 태종(太宗) 때, 위고(韋固)라는 젊은이가 여행 중에 송성(宋城)에 갔는데 달빛 아래서 한 노인이 손에 빨간 끈을 들고 조용히 책장을 넘기고 있었다. 위고가 무슨 책을 읽으시냐고 묻자 노인이 대답했다.
"이 세상 혼사에 관한 책인데, 여기 적힌 남녀를 이 빨간 끈으로 한 번 매어 놓으면 원수지간이라도 반드시 맺어진다네."
위고가 아내감을 묻자, 송성 북쪽에서 채소를 팔고 있는 진(陳)씨 여인의 어린애라고 하여 기분이 언짢았지만 대수롭지 않게 생각하였다. 그로부터 14년이 지난 뒤 상주에서 벼슬길에 오르며 그곳 태수의 딸과 결혼했는데, 아내는 17세로 미인이었다. 위고가 아내의 신상(身上)을 물으니, 실은 태수의 양녀이며 친아버지는 송성에서 벼슬을 다니시다 돌아가셨다고 한다. 그 때는 젖먹이로 유모가 성 북쪽에서 채소 장사를 하며 길러 주었다고 대답하였다.
② 진(晉)나라에 색탐(索耽)이라는 점쟁이가 있었는데, 영고책(令孤策)이라는 사람이 꿈을 해몽해 달라고 왔다.
"나는 얼음 위에 서서 얼음 밑에 있는 사람과 이야기를 했는데 어떤가요?"
"얼음 위는 양(陽)이요, 밑은 음(陰)이니 양과 음이 이야기했다는 것은 얼음 위에 선 사람인 그대가 결혼 중매를 서겠네요. 얼음이 녹는 봄철에 성사될 것 같소."
과연 영고책은 태수의 부탁으로 태수의 아들과 장씨의 딸을 중매하여 결혼을 성사시켰다고 한다.

____ 년 월 일 ㊞

♣ **아래의 빈칸을 채우고, 〈읽기〉 부분을 소리 내어 읽어보시오.**

『推句集』 쓰기 -91

〈읽기〉 **화홍/황봉료**요 　　꽃잎이 붉으니 누런 벌들이 시끄러이 날고,

〈구절풀이 순서〉
　1　2　3　4　5
• 花 紅 黃 蜂 鬧

花	紅	黃	蜂	鬧
꽃 **화**	붉을 **홍**	누를 **황**	벌 **봉**	시끄러울 **료**

〈읽기〉 **초록/백마시**라 　　풀싹이 푸르러지니 흰 말이 흥겨운 소릴내네!

〈구절풀이 순서〉
　1　2　3　4　5
• 草 綠 白 馬 嘶

草	綠	白	馬	嘶
풀 **초**	푸를 **록**	흰 **백**	말 **마**	울 **시**

197

_____ 년 _____ 월 _____ 일 ㊞

♣ 아래의 시구(詩句)를 해석하고, 그 풀이에 알맞은 그림을 그려 보시오.

『推句集』 정리하고 쉬어가기 -91

- 花紅/黃蜂鬧요. 〈해석〉: _____

- 草綠/白馬嘶라. 〈해석〉: _____

♣ 〈고사성어〉 泣斬馬謖   泣 울 읍. 斬 벨 참. 馬 말 마. 謖 일어날 속.   • 출전 『삼국지』

〈뜻풀이〉 울면서 마속을 벤다는 뜻으로,
대의를 위해서라면 측근이라도 가차 없이 제거하는 권력의 공정성과 과단성을 말함.

〈유래〉 중국 삼국시대에 촉(蜀)의 제갈량(諸葛亮)은 대군을 이끌고 중원 공략에 나섰다. 그런데 군량미 수송로인 가정(街亭) 땅을 수비할 만한 장수가 없어 고민하고 있었다. 이런 사정을 알고 마속(馬謖)이 자원하였는데 위나라 사마의를 상대하기에는 아직 어리다고 생각하여 제갈량은 주저하였다. 마속이 거듭 간청하자 제갈량은 군율(軍律)은 지엄하여 두 말이 없다는 것을 명심하라고 일러 주고, 가정 땅을 맡겼다.

가정에 도착해 지형을 살펴보니 삼면이 절벽인 산이었다. 제갈량은 그 산기슭으로 난 도로를 사수하라고 명령하였는데, 마속은 적을 유인하여 공격하려고 산 위에 진을 쳤다. 그런데 위나라 군사는 산기슭을 포위만 한 채 위로 공격해오지 않았다. 먹을 물이 떨어진 마속의 전군대는 포위망을 뚫으려고 하였으나, 장합(張郃)에게 참패하고 말았다. 이로써 중원공략은 실패로 돌아갔다. 제갈량은 마속에게 중책을 맡긴 것을 후회하였고, 군율에 따라 그를 참형에 처할 수밖에 없었다. 장완(張琬)이 마속을 살리자고 설득했으나 제갈량은 듣지 않았다.

"마속은 정말 아까운 장수지만 정에 이끌리어 군율을 저버리면 이는 마속이 지은 죄보다 더 큰 죄가 됩니다. 아끼는 사람일수록 엄정하게 처단하여 대의(大義)를 바로잡지 않으면 나라의 기강은 무너지는 법이오."

마속이 형장으로 끌려가자 제갈량은 얼굴을 소맷자락으로 가리고 마룻바닥에 엎드려 울었다고 한다.

_____ 년 _____ 월 _____ 일 ㊞

♣ **아래의 빈칸을 채우고, 〈읽기〉 부분을 소리 내어 읽어보시오.**

『推句集』쓰기 -92

〈읽기〉 **산우/야명죽**이요   산에 내린 비는 밤에 댓잎을 울리고,

〈구절풀이 순서〉

    1 2 3 5 4
- 山 雨 夜 鳴 竹

山	雨	夜	鳴	竹
산 **산**	비 **우**	밤 **야**	울 **명**	대 **죽**

〈읽기〉 **초충/추입상**이라   풀밭에서 울던 벌레는 가을에 침상으로 기어드네.

〈구절풀이 순서〉

    1 2 3 5 4
- 草 蟲 秋 入 牀

草	蟲	秋	入	牀
풀 **초**	벌레 **충**	가을 **추**	들 **입**	침상 **상**

·침상 - 앉거나 눕기 위해 나무로 만든 한국의 전통가구. 평상.

_____ 년   월   일 ㊞

♣ **아래의 시구(詩句)를 해석하고, 그 풀이에 알맞은 그림을 그려 보시오.**
『推句集』 정리하고 쉬어가기 -92

- 山雨/夜鳴竹 이요. 〈해석〉: _____
- 草蟲/秋入牀 이라. 〈해석〉: _____

♣ 〈고사성어〉 **以心傳心**   以 써 **이**. 心 마음 **심**. 傳 전할 **전**. 心 마음 **심**.   • 출전 『전등록』

〈뜻풀이〉 문자나 언어 없이 마음으로 남을 깨닫게 한다는 말.

〈유래〉 중국 송(宋)나라의 도언(道彦) 스님이 석가 이후 고승들의 법어(法語)를 기록한 《전등록(傳燈錄)》에 석가가 제자 가섭(迦葉)에게 말이나 글이 아닌 방법으로 불교의 진수(眞髓)를 전한 이야기가 나온다. 이에 대해 송나라의 보제(普濟)의 《오등회원(五燈會元)》에 다음과 같은 글이 적혀 있다.

어느 날 석가가 제자들을 영산(靈山)으로 불렀다. 그리고 제자들 앞에서 연꽃 한 송이를 집어 들더니 말없이 약간 비틀어 보였다. 제자들은 석가가 왜 그러시는지 영문을 몰랐다. 그러나 가섭이라는 제자는 그 뜻을 깨닫고 빙긋이 웃었다. 그제서야 석가는 가섭에게 말했다.

"나에게는 정법안장(正法眼藏 - 인간이 원래 갖추고 있는 마음의 뛰어난 덕)과 열반묘심(涅槃妙心 - 번뇌를 벗어나 진리에 도달한 마음), 실상무상(實相無相 - 불변의 진리), 미묘법문(微妙法門 - 진리를 아는 마음), 불립문자 교외별전(不立文字 敎外別傳 - 모두 언어나 경전에 의하지 않고 마음에서 마음으로 전하는 오묘한 뜻)이 있다. 이것을 너에게 전해 주마."

♣ **아래의 빈칸을 채우고, 〈읽기〉 부분을 소리 내어 읽어보시오.**

『推句集』 쓰기 -93

〈읽기〉 **원 수 / 연 천 벽** 이요   멀리 흐르는 강물은 하늘과 이어져 푸르고,

〈구절풀이 순서〉

   1 2   4 3 5
• 遠 水 連 天 碧

遠	水	連	天	碧
멀 **원**	강물 **수**	이을 **련**	하늘 **천**	푸를 **벽**

〈읽기〉 **상 풍 / 향 일 홍** 이라   서리 맞은 단풍은 해를 향해 붉구나!

〈구절풀이 순서〉

   1 2   4 3 5
• 霜 楓 向 日 紅

霜	楓	向	日	紅
서리 **상**	단풍나무 **풍**	향할 **향**	해 **일**	붉을 **홍**

_____ 년 ____ 월 ____ 일 ㊞

♣ 아래의 시구(詩句)를 해석하고, 그 풀이에 알맞은 그림을 그려 보시오.
『推句集』 정리하고 쉬어가기 -93

- 遠水/連天碧 이요. 〈해석〉: _____
- 霜楓/向日紅 이라. 〈해석〉: _____

♣ 〈고사성어〉 一擧兩得 — 한 **일**. 擧 들 **거**. 兩 두 **량**. 得 얻을 **득**.   • 출전 『진서』

〈뜻풀이〉 한 가지 일로써 두 가지 이익을 얻는다는 뜻.

〈유래〉 중국 진(秦)나라 혜문왕(惠文王) 때, 사마조(司馬錯)라는 신하는 중원으로 진출해야 한다는 재상 장의(張儀)와는 다른 대책을 올렸다.
  "신이 알기로는 부국(富國)을 원하는 군주라면 먼저 국토를 넓히는데 힘써야 하고, 강병(强兵)을 원하는 군주라면 먼저 백성이 잘 살도록 힘써야 하며, 패자(覇者)가 되기를 원한다면 군주는 먼저 덕을 쌓아야 한다고 합니다. 이 세 가지 요건이 갖춰지면 패업은 저절로 이루어진다고 봅니다. 그러나 지금의 진나라는 국토가 협소하고 백성들은 빈곤합니다. 그래서 이 두 가지 문제를 한꺼번에 해결하려면 먼저 촉(蜀) 땅의 오랑캐를 정벌하소서. 그러면 국토는 넓어지고 백성들의 재물은 쌓일 것입니다. 이것이야말로 한 가지 일로 두 가지 이익을 얻는 것이 아니고 무엇이겠습니까?
  그러나 지금 패자가 되기 위해 천자의 나라인 주(周)와 동맹 관계인 한(韓)나라를 침략하면, 한나라는 제(齊)나라와 조(趙)나라를 통해서 초(楚)나라와 위(魏)나라에 구원을 청할 게 분명합니다. 그러면 주나라의 보물인 구정(九鼎)은 초나라로 옮겨질 것이며, 진나라는 천자를 위협한다는 악명을 얻을 것입니다."
  혜문왕은 사마조의 말대로 촉 땅을 정벌하여 국토를 넓혔다.

♣ **아래의 빈칸을 채우고, 〈읽기〉 부분을 소리 내어 읽어보시오.**

『推句集』 쓰기 -94

〈읽기〉 **산토**/**고윤월**이요	산은 외로운 둥근 달을 토해내고,				
〈구절풀이 순서〉 　1　5　2　3　4 • 山 吐 孤 輪 月 ·외롭다 - 홀로 되거나 의지할 곳이 없어 쓸쓸함.	山 산 **산**	吐 토할 **토**	孤 외로울 **고**	輪 바퀴 **륜**	月 달 **월**

〈읽기〉 **강함**/**만리풍**이라	강은 만리에서 불어오는 바람을 머금었네.				
〈구절풀이 순서〉 　1　4　2　3 • 江 含 萬 里 風	江 강 **강**	含 머금을 **함**	萬 일만 **만**	里 거리 **리**	風 바람 **풍**

_____ 년 ____ 월 ____ 일 ㊞

♣ **아래의 시구(詩句)를 해석하고, 그 풀이에 알맞은 그림을 그려 보시오.**
『推句集』정리하고 쉬어가기 -94

- 山吐/孤輪月 이요. 〈해석〉: _____
- 江舍/萬里風 이라. 〈해석〉: _____

♣ 〈고사성어〉 **一網打盡** ― 한 **일**. 網 그물 **망**. 打 칠 **타**. 盡 다할 **진**.　•출전 『송사』

〈뜻풀이〉 한 번 그물을 쳐서 물고기를 다 잡는다는 뜻으로,
범인이나 어떤 무리를 단번에 몰아 잡는다는 말.

〈유래〉 중국 북송(北宋) 4대 황제인 인종(仁宗)은 불안한 외교를 하였으나, 내치(內治)에는 괄목할 만한 성과가 많았다. 인종은 백성을 사랑하고 학문을 장려하여 한기(韓琦)·범중엄(范仲淹)·구양수(歐陽脩)·사마광(司馬光)·주돈이(周敦頤)·장재(張載)·정호(程顥)·정이(程頤) 등의 명신들이 배출되었고, 신하들의 명론탁설(名論卓說)로 충돌이 많아 신하들도 양 당으로 나뉘어져 교대로 정권을 잡으니 20년간에 내각이 17회나 바뀌었다. 이 무렵 청렴 강직한 두연(杜衍)이 재상이 되었다. 두연은 황제가 신하들과 상의하지 않고 독단으로 조서를 내리는 관행은 올바른 정치의 방법이 아니라고 하여 이런 황제의 내강(內降)을 묵살하거나 보류했다가 10여 통쯤 쌓이면 그대로 돌려보내곤 하여 성지(聖旨)를 함부로 한다는 비난을 받고 있었다. 이런 때 두연의 사위인 소순흠(蘇舜欽)이 공금에 손을 대는 부정을 저질렀다. 평소에 두연과 감정이 좋지 않은 어사(御史) 왕공진(王拱辰)은 소순흠을 엄히 문초하여 그와 가까운 사람들을 모두 공범으로 몰아 잡아서 옥에 가둔 뒤, 재상 두연에게 범인들을 단번에 몰아 다 잡았다고 보고하였다. 이 사건으로 두연도 70일 동안만 재상 노릇하고 물러났다.

_____ 년   월   일 ㊞

♣ **아래의 빈칸을 채우고, 〈읽기〉 부분을 소리 내어 읽어보시오.**

『推句集』 쓰기 −95

〈읽기〉 **노응/천편옥**이요   이슬이 맺히니 천 조각 구슬이요,

〈구절풀이 순서〉

　　1　2　3　4　5
• 露　凝　千　片　玉

露	凝	千	片	玉
이슬 **로**	엉길 **응**	일천 **천**	조각 **편**	구슬 **옥**

〈읽기〉 **국산/일총금**이라   국화 꽃잎이 흩뿌려지니 한 떨기 황금이로다!

〈구절풀이 순서〉

　　1　2　3　4　5
• 菊　散　一　叢　金

· 떨기 − 무더기가 된 꽃이나 풀 따위를
　　　　세는 단위.

菊	散	一	叢	金
국화 **국**	흩어질 **산**	한 **일**	떨기 **총**	황금 **금**

♣ **아래의 시구(詩句)를 해석하고, 그 풀이에 알맞은 그림을 그려 보시오.**

『推句集』 정리하고 쉬어가기 -95

- 露凝/千片玉이요, 〈해석〉: _____

- 菊散/一叢金이라. 〈해석〉: _____

♣ 〈고사성어〉 一衣帶水 — 한 **일**. 衣 옷 **의**. 帶 띠 **대**. 水 물 **수**. • 출전 『남사』

〈뜻풀이〉 강폭이 좁음을 비유한 말.

〈유래〉 중국의 남북조(南北朝) 시대 혼란기에 북방에서는 5호16국(五胡十六國)이라는 다섯 이민족이 세운 13개 나라와 한족이 세운 3개 나라가 흥망을 되풀이하였고, 남방에서는 송(宋)·제(齊)·양(梁)·진(陳) 등의 네 나라가 교체되었다.

북방에서는 북주(北周)를 물려받아 수(隋)나라를 세운 문제(文帝)가 중국을 통일하기 위해 남방 최후의 왕조인 진나라를 치기로 하였다.

"진왕(陳王)은 백성들을 도탄에 빠뜨렸으니, 이제 짐(朕)은 백성의 어버이로서 어찌 한 줄 허리띠만한 강물 따위를 겁내어 도탄에 빠진 백성들을 구하지 않겠는가."

수나라 문제는 허리띠 폭 만한(?) 양쯔강을 52만의 대군을 이끌고 건너가 진나라를 멸하고 중국을 통일하였다.

_____ 년 월 일 ㊞

♣ **아래의 빈칸을 채우고, 〈읽기〉 부분을 소리 내어 읽어보시오.**

『推句集』 쓰기 -96

〈읽기〉 **백접/분분설**이요	흰 나비는 어지럽게 흩날리는 눈 같고,				
〈구절풀이 순서〉 　　1　2　3　4 ● 白 蝶 紛 紛 雪 ·분분 - 여럿이 한데 뒤섞여 어수선하여 　　　　어지러움.	白	蝶	紛	紛	雪
	일백 **백**	나비 **접**	어지러울 **분**	어지러울 **분**	눈 **설**

〈읽기〉 **황앵/편편금**이라	누런 꾀꼬리는 조각조각 쪼개놓은 황금 같네.				
〈구절풀이 순서〉 　　1　2　3　4 ● 黃 鶯 片 片 金 ·편편 - 나는 모양이 가볍고 날쌤. 　　　　풍채가 멋스럽고 좋음.	黃	鶯	片	片	金
	누를 **황**	꾀꼬리 **앵**	조각 **편**	조각 **편**	황금 **금**

_____ 년 월 일 ㊞

♣ 아래의 시구(詩句)를 해석하고, 그 풀이에 알맞은 그림을 그려 보시오.
『推句集』 정리하고 쉬어가기 -96

- 白蝶/紛紛雪이요, 〈해석〉: _____

- 黃鶯/片片金이라. 〈해석〉: _____

♣ 〈고사성어〉 人心最深   人 사람 인. 心 마음 심. 最 가장 최. 深 깊을 심.   • 출전: 『순조실록』

〈뜻풀이〉 사람의 마음은 그 깊이를 알 수가 없다는 뜻.

〈유래〉 조선 21대 왕 영조는 둘째 왕비를 직접 간택하였는데, 정순왕후는 머리가 좋았다. 영조가 사대부 집안의 딸들을 궁중에 모아놓고 물었다.
"가장 깊은 것이 무엇이냐?"
물이 깊다거나 산이 깊다고 말하는 사람이 있었으나, 왕후는 홀로 사람의 마음이 가장 깊다고 대답하였다. 이유를 물으니 다른 것은 측량할 수 있으나, 사람의 마음은 잴 수가 없기 때문이라고 하였다.
또 물었다.
"무슨 꽃이 가장 좋으냐?"
복사꽃, 모란, 해당화라고 각자 말하였으나, 왕후는 목화꽃이라고 대답하였다. 다른 꽃들은 일시적으로 눈을 즐겁게 할뿐이지만, 목화꽃은 세상 사람들에게 옷을 입혀주는 공이 있다는 것이다.
마침 물을 퍼붓듯이 비가 내렸는데 회랑의 기왓장이 몇 줄인지 알 수 있느냐고 물으니, 모두들 손가락으로 헤어나가는데 왕비는 곰곰이 생각하더니 몇 줄이라고 대답하였다. 어떻게 알았는지 물으니, 처맛물 떨어진 것을 보고 알았다고 대답하였다. 왕은 기특하게 여겨 왕비로 삼았다.

_____ 년 월 일 ㊞

♣ **아래의 빈칸을 채우고,〈읽기〉부분을 소리 내어 읽어보시오.**

『推句集』쓰기 -97

〈읽기〉 **동심/화의라**요	골이 깊으니 꽃 피려는 마음이 더디고,				
〈구절풀이 순서〉 　　1　2　3　4　5 • 洞 深 花 意 懶 ·게으르다 – 행동이 느리고 움직이거나 일하기를 싫어하는 성미나 버릇이 있음.	洞	深	花	意	懶
	골(골짜기) **동**	깊을 **심**	꽃 **화**	뜻 **의**	게으를 **라**
	洞	深	花	意	懶

〈읽기〉 **산첩/수성유**라	산이 겹겹이라 물소리도 그윽하구나!				
〈구절풀이 순서〉 　　1　2　3　4　5 • 山 疊 水 聲 幽 ·그윽하다 – 깊숙하여 아늑하고 고요함. 느낌이 은근함.	山	疊	水	聲	幽
	산 **산**	겹쳐질 **첩**	물 **수**	소리 **성**	그윽할 **유**
	山	疊	水	聲	幽

_____ 년   월   일 ㊞

♣ **아래의 시구(詩句)를 해석하고, 그 풀이에 알맞은 그림을 그려 보시오.**

『推句集』 정리하고 쉬어가기 -97

- 洞深/花意懶요.　　〈해석〉:＿＿＿＿＿＿＿＿＿＿＿＿＿＿＿＿＿＿

- 山疊/水聲幽라.　　〈해석〉:＿＿＿＿＿＿＿＿＿＿＿＿＿＿＿＿＿＿

♣ 〈고사성어〉 **前車覆轍**　　前 앞 **전**. 車 수레 **거**. 覆 엎어질 **복**. 轍 바퀴자국 **철**.　　• 출전 『설원』

〈뜻풀이〉　앞 수레가 엎어진 바퀴 자국이란 뜻으로,
　　　　　실패의 전례 또는 앞 사람의 실패를 거울삼아 경계하라는 것을 비유한 말.

〈유래〉 중국 전한 문제(文帝)때 가의(賈誼)는 공이 많은 신하인데 그가 임금에게 올린 글에 이런 구절이 있다.
　"속담에 '앞 수레의 엎어진 바퀴 자국은 뒷 수레를 위한 교훈이 된다'는 말이 있습니다. 전 왕조 진(秦)나라가 범한 과오를 피하지 않는다면 그 전철을 밟게 될 것입니다. 국가의 존망과 치란(治亂)의 열쇠는 바로 여기에 있으니 잘 살펴보십시오."
　한나라 문제는 국정을 쇄신하여 마침내 태평성대를 이룩했다고 한다.

_____ 년 _____ 월 _____ 일 ㊞

♣ **아래의 빈칸을 채우고, 〈읽기〉 부분을 소리 내어 읽어보시오.**
『推句集』 쓰기 −98

〈읽기〉 **빙해/어초약**이요	얼음이 녹으니 물고기가 비로소 뛰어 오르고,				
〈구절풀이 순서〉 　　1 2 3 4 5 • 氷 解 魚 初 躍	氷	解	魚	初	躍
	얼음 **빙**	풀릴 **해**	물고기 **어**	처음 **초**	뛸 **약**

〈읽기〉 **풍화/안욕귀**라	바람이 따스해지니 기러기는 돌아가려고 하네.				
〈구절풀이 순서〉 　　1 2 3 5 4 • 風 和 雁 欲 歸	風	和	雁	欲	歸
	바람 **풍**	온화할 **화**	기러기 **안**	하고자할 **욕**	돌아갈 **귀**

_____ 년 _____ 월 _____ 일 ㊞

♣ 아래의 시구(詩句)를 해석하고, 그 풀이에 알맞은 그림을 그려 보시오.
『推句集』 정리하고 쉬어가기 -98

- 氷解/魚初躍이요.　〈해석〉: _____
- 風和/雁欲歸라.　〈해석〉: _____

♣ 〈고사성어〉 **精衛塡海**　　精 정밀할 **정**. 衛 지킬 **위**. 塡 메울 **전**. 海 바다 **해**.　　• 출전 『산해경』

〈뜻풀이〉 정위라는 새가 바다를 메운다는 뜻으로, 무모한 일을 기도하여 헛수고로 끝난다는 말.

〈유래〉 북쪽 지방에 발구(發鳩)라는 산이 있는데 산뽕나무가 많이 자란다. 이 산에 까마귀와 모습은 비슷하지만 알록달록한 무늬가 있는 머리에 흰 부리와 빨강 다리를 가진 정위라는 새인데, 울 때마다 '정위', '정위'라고 자기 이름을 부르짖었다.
　정위새는 원래 인류에게 농사법을 가르쳤다는 염제(炎帝) 신농씨(神農氏)의 딸로 이름은 여와(女娃)였다. 여와가 어느 날 동해로 놀러갔다가 그만 물에 빠져 죽어 영영 돌아가지 못하게 되었다. 그래서 여와는 정위새가 되어 동해를 메우려고 항상 서산(西山)의 나뭇가지와 돌멩이를 물어다가 바다에 던져 넣는다고 한다.

_____ 년 _____ 월 _____ 일 ㊞

♣ **아래의 빈칸을 채우고, 〈읽기〉 부분을 소리 내어 읽어보시오.**

『推句集』 쓰기 −99

〈읽기〉 **임풍**/**양부절** 이요	숲속의 바람은 시원함이 끊이지 않고,				
〈구절풀이 순서〉	林	風	涼	不	絕
1 2 3 5 4	수풀 **림**	바람 **풍**	서늘할 **량**	아닐 **부**	끊어질 **절**
• 林風涼不絕					

〈읽기〉 **산월**/**효잉명** 이라	산에 걸린 달은 새벽인데도 더욱 밝네.				
〈구절풀이 순서〉	山	月	曉	仍	明
1 2 3 4 5	산 **산**	달 **월**	새벽 **효**	인할 **잉**	밝을 **명**
• 山月曉仍明					

_____ 년 _____ 월 _____ 일 ㊞

♣ 아래의 시구(詩句)를 해석하고, 그 풀이에 알맞은 그림을 그려 보시오.

『推句集』 정리하고 쉬어가기 -99

- 林風/涼不絶 이요, 〈해석〉: _____
- 山月/曉仍明 이라. 〈해석〉: _____

♣ 〈고사성어〉 井底之蛙   井 우물 정. 底 밑 저. 之 ~의 지. 蛙 개구리 와.   • 출전 『장자』

〈뜻풀이〉 우물 안 개구리라는 뜻으로, 소견이나 견문이 썩 좁음을 말함.

〈유래〉 중국 황하(黃河)의 신 하백(河伯)이 물길을 따라 내려가 처음으로 바다까지 가 보았다. 끝없이 펼쳐진 동쪽 바다를 바라보며 북해(北海)의 신 약(若)에게 말했다.
 "나는 이 세상에서 황하가 가장 넓은 줄로 알았는데, 지금 이 바다를 보고 넓은 것 위에 더 넓은 것이 있음을 깨달았소. 내가 여기에 와 보지 않았다면 계속 웃음거리가 될 뻔했소."
 그러자 북해의 신 약이 말했다.
 "우물 안 개구리에게 바다에 대해 말할 수 없는 것은 그들이 사는 곳에만 사로잡혀 있기 때문이오. 식견이 없는 선비에게 도를 말할 수 없는 것은 그들이 아는 상식에만 묶여 있기 때문이지요. 그런데 그대는 나와 큰 바다를 구경하고 자기의 부족함을 알았으니 함께 진리를 말할 수 있겠군요."

_____ 년 _____ 월 _____ 일 ㊞

♣ **아래의 빈칸을 채우고, 〈읽기〉 부분을 소리 내어 읽어보시오.**

『推句集』 쓰기 −100

〈읽기〉 **죽순/첨여필**이요	죽순은 뽀족하여 붓과 같고,				
〈구절풀이 순서〉 　1　2　3　4　5 • 竹 筍 尖 如 筆	竹	筍	尖	如	筆
	대 **죽**	죽순 **순**	뽀족할 **첨**	같을 **여**	붓 **필**

〈읽기〉 **송엽/세사침**이라	솔잎은 가늘어 바늘 같구나!				
〈구절풀이 순서〉 　1　2　3　4　5 • 松 葉 細 似 針	松	葉	細	似	針
	소나무 **송**	잎 **엽**	가늘 **세**	같을 **사**	바늘 **침**

_____ 년 _____ 월 _____ 일 ㊞

♣ 아래의 시구(詩句)를 해석하고, 그 풀이에 알맞은 그림을 그려 보시오.
『推句集』 정리하고 쉬어가기 -100

- 竹筍/尖如筆이요. 〈해석〉: _____
- 松葉/細似針이라. 〈해석〉: _____

♣ 〈고사성어〉 糟糠之妻   糟 지게미 조. 糠 겨 강. 之 ~는 지. 妻 아내 처.   • 출전 『후한서』

〈뜻풀이〉 술지게미와 쌀겨로 끼니를 이어가며 고생한 본처를 이르는 말.

〈유래〉 중국 후한(後漢) 광무제(光武帝) 때, 감찰(監察)을 맡아보던 대사공(大司空) 벼슬의 송홍(宋弘)은 온후하면서도 강직한 인물이었다.

어느 날, 광무제는 미망인 누나 호양공주(湖陽公主)를 불러 신하 중에 마음에 드는 사람이 있는지 떠보았는데, 훌륭한 풍채와 덕성을 지닌 송홍에게 호감이 있음을 알게 되었다. 광무제는 호양공주를 병풍 뒤에 앉혀 놓고 송홍을 불러와 여러 이야기를 나누다가 이런 질문을 했다.

"흔히들 고귀해지면 친구를 바꾸고, 부유해지면 아내를 버린다고 하던데 인지상정(人之常情)이 아니겠는가?"

그러자 송홍은 이렇게 대답했다.

"폐하! 황공하오나 신은 가난하고 미천할 때의 친구는 잊지 말아야 하며, 술찌꺼기와 쌀겨로 끼니를 이으며 함께 고생한 아내는 버리지 말아야 한다고 들었는데, 이것이 사람의 도리라고 생각됩니다."

이 말을 들은 광무제는 호양 공주와 송홍을 맺어줄 수 없었다.

♣ **아래의 빈칸을 채우고, 〈읽기〉 부분을 소리 내어 읽어보시오.**

『推句集』 쓰기 -101

〈읽기〉 **어희/신하동**이요   물고기의 희롱에 새로 난 연꽃이 살랑거리고,

魚	戲	新	荷	動
물고기 **어**	희롱할 **희**	새 **신**	연꽃 **하**	움직일 **동**

〈구절풀이 순서〉

　　1　2　3　4　5
• 魚 戲 新 荷 動

·희롱하다 - 말이나 행동으로 실없이 놀림.

〈읽기〉 **조산/여화락**이라   새떼의 흩어짐에 남은 꽃잎마저 떨어지네.

鳥	散	餘	花	落
새 **조**	흩어질 **산**	남을 **여**	꽃 **화**	떨어질 **락**

〈구절풀이 순서〉

　　1　2　3　4　5
• 鳥 散 餘 花 落

_____ 년 _____ 월 _____ 일 ㊞

♣ 아래의 시구(詩句)를 해석하고, 그 풀이에 알맞은 그림을 그려 보시오.
『推句集』 정리하고 쉬어가기 -101

- **魚戱/新荷動**이요. 〈해석〉: _____
- **鳥散/餘花落**이라. 〈해석〉: _____

♣ 〈고사성어〉 **朝三暮四**   朝 아침 **조**. 三 석 **삼**. 暮 저녁 **모**. 四 넉 **사**.   • 출전 『열자』

〈뜻풀이〉 아침에 세 개, 저녁에 네 개라는 뜻으로,
당장의 차이에 신경 쓰지만 결과는 매한가지라는 말.

〈유래〉 중국 송(宋)나라에 원숭이를 좋아하여 저공(狙公)이라 불리는 사람이 있었다. 저공은 많은 원숭이를 길렀는데 가족의 양식까지 퍼다가 먹일 정도였다. 그래서 원숭이들은 저공을 잘 따르고 주인의 마음까지 헤아렸다고 한다.

그런데 기르는 원숭이가 많다보니 먹이 공급이 날로 어려워져 먹이를 줄이기로 하였다. 그러나 먹이를 줄이면 싫어할 것 같아 우선 원숭이들에게 이렇게 말했다.

"앞으로는 도토리를 아침에 3개, 저녁에 4개씩 줄 생각인데 너희들의 생각은 어떠냐?"

그러자 원숭이들은 하나같이 화를 내며 아침에 도토리 3개로는 배고프다고 하였다. 저공은 원숭이들의 불만을 알고 이번에는 이렇게 말했다.

"그럼, 아침에 4개 저녁에 3개씩 주겠다."

그제서야 원숭이들은 모두 기뻐했다고 한다.

♣ **아래의 빈칸을 채우고, 〈읽기〉 부분을 소리 내어 읽어보시오.**

『推句集』 쓰기 -102

〈읽기〉 **금윤/현유향**이요   거문고는 젖었어도 줄은 여전히 소리를 울리고,

〈구절풀이 순서〉
  1 2 3 4 5
• 琴 潤 絃 猶 響

琴	潤	絃	猶	響
거문고 **금**	젖을 **윤**	줄 **현**	오히려 **유**	울릴 **향**

〈읽기〉 **노한/화상존**이라   화로는 차가워도 불씨는 그대로 남아 있네.

〈구절풀이 순서〉
  1 2 3 4 5
• 爐 寒 火 尙 存

爐	寒	火	尙	存
화로 **로**	찰 **한**	불 **화**	아직 **상**	있을 **존**

_____ 년 _____ 월 _____ 일 ㊞

♣ 아래의 시구(詩句)를 해석하고, 그 풀이에 알맞은 그림을 그려 보시오.
『推句集』 정리하고 쉬어가기 -102

- 琴潤/絃猶響이요, 〈해석〉: _____
- 爐寒/火尙存이라. 〈해석〉: _____

♣ 〈고사성어〉 助 長   助 도울 조   長 성장할 장.   • 출전 『맹자』

〈뜻풀이〉 도와서 자라나게 한다는 뜻으로,
좋지 못한 행위나 습관을 조급히 키우려다 오히려 망친다는 경계의 뜻을 지닌 말.

〈유래〉 맹자(孟子)는 호연지기(浩然之氣)란 평소에 의리를 축적함으로써 길러지는 것이지 하루아침에 갑자기 생기지는 않는다고 하였다. 송(宋)나라의 어떤 사람처럼 무리하게 도와서 자라게 해서는 안 된다고 비유를 들었다.
　벼의 싹이 자라지 않음을 근심하여 그 싹을 잡아 뽑는 사람이 있었다. 그리고는 지친 듯이 돌아와 집안사람들에게 말하였다.
　"오늘은 무척 피곤하구나. 내가 벼의 싹이 자라는 것을 도와주었다."
　아들이 달려가 보니, 벼의 싹은 이미 말라 있었다. 천하에 벼의 싹이 자라도록 억지로 돕지 않는 자가 적으니, 유익함이 없어서 버려두는 자는 벼의 싹을 뽑지 않는 자이고, 억지로 도와서 자라게 하는 자는 벼의 싹을 뽑는 자이다. 이는 유익함도 없지만, 도리어 해치는 것이다.

_____ 년 월 일 ㊞

♣ **아래의 빈칸을 채우고, 〈읽기〉 부분을 소리 내어 읽어보시오.**

『推句集』 쓰기 –103

〈읽기〉 **춘북추남/안**이요	봄에는 북쪽으로 가을엔 남쪽으로 날아가는 것은 기러기요.				
〈구절풀이 순서〉 　　1 2 3 4 5 • 春 北 秋 南 雁	春	北	秋	南	雁
	봄 **춘**	북녘 **북**	가을 **추**	남녘 **남**	기러기 **안**

〈읽기〉 **조서모동/홍**이라	아침에는 서쪽으로 저녁엔 동쪽으로 뜨는 것은 무지개라네.				
〈구절풀이 순서〉 　　1 2 3 4 5 • 朝 西 暮 東 虹	朝	西	暮	東	虹
	아침 **조**	서녘 **서**	저녁 **모**	동녘 **동**	무지개 **홍**

_____ 년 월 일 ㊞

♣ 아래의 시구(詩句)를 해석하고, 그 풀이에 알맞은 그림을 그려 보시오.
『推句集』 정리하고 쉬어가기 -103

- 春北秋南/雁이요. 〈해석〉: _____
- 朝西暮東/虹이라. 〈해석〉: _____

♣ 〈고사성어〉 **左袒** 左 왼 **좌**. 袒 웃통벗을 **단**. • 출전 『사기』

〈뜻풀이〉 웃옷의 왼쪽 어깨를 벗는다는 뜻으로,
　　　　 결과를 초래하게 옆에서 부추기거나 눈감아 주는 일을 비유.

〈유래〉 중국 한(漢)나라 고조(高祖) 유방(劉邦)의 황후인 여태후(呂太后)가 죽자 그동안 그녀의 위세에 눌려 지내던 유씨(劉氏) 일족과 진평(陳平), 주발(周勃) 등은 외척인 여씨(呂氏) 타도에 나섰다.
　거짓으로 주색에 빠진 척했던 우승상(右丞相) 진평은 태위(太尉) 주발과 상의하여 여록을 속이고 상장군의 인수를 회수해 왔다. 주발은 즉시 병사들을 모아 놓고 이렇게 말했다.
　"한실(漢室)의 주인은 원래 유씨인데 무엄하게도 여씨가 실권을 장악하고 있으니 이는 한나라 황실의 불행이다. 이제 나 상장군 주발은 천하를 바로잡으려고 한다. 여씨에게 충성하려는 자는 오른쪽 어깨를 드러내고, 나와 함께 유씨에게 충성하려는 자는 왼쪽 어깨를 드러내라!"
　그러자 모두 왼쪽 어깨의 웃옷을 벗고 유씨에게 충성을 맹세하여 천하는 다시 유씨에게로 돌아갔다.

_____ 년 _____ 월 ____ 일 ㊞

♣ **아래의 빈칸을 채우고, 〈읽기〉 부분을 소리 내어 읽어보시오.**

『推句集』 쓰기 -104

〈읽기〉 **유 막 / 앵 위 객** 이요	버들막엔 꾀꼬리가 손님이고,				
〈구절풀이 순서〉 　　1 2 3 4 5 • 柳 幕 鶯 爲 客	柳	幕	鶯	爲	客
	버들 **류**	막 **막**	꾀꼬리 **앵**	할 **위**	손님 **객**

〈읽기〉 **화 방 / 접 작 랑** 이라	꽃방엔 나비가 신랑이라네.				
〈구절풀이 순서〉 　　1 2 3 4 5 • 花 房 蝶 作 郎	花	房	蝶	作	郎
	꽃 **화**	방 **방**	나비 **접**	될 **작**	신랑 **랑**

_____ 년 _____ 월 _____ 일 ㊞

♣ **아래의 시구(詩句)를 해석하고, 그 풀이에 알맞은 그림을 그려 보시오.**
『推句集』 정리하고 쉬어가기 -104

- 柳幕/鶯爲客이요, 〈해석〉: _____
- 花房/蝶作郞이라. 〈해석〉: _____

♣ 〈고사성어〉 竹馬故友   竹 대나무 **죽**. 馬 말 **마**. 故 옛 **고**. 友 벗 **우**.   • 출전 『진서』

〈뜻풀이〉 어릴 때 같이 죽마를 타고 놀던 벗이란 뜻으로, 어릴 때 아주 긴밀했던 친구를 말함.

〈유래〉 중국 동진(東晉)나라 간문제(簡文帝) 때, 촉(蜀) 땅을 평정한 환온(桓溫)의 세력이 커지자 간문제는 은호(殷浩)를 건무장군(建武將軍) 양주자사(揚州刺史)에 임명해 견제하도록 하였다. 은호는 환온과 어릴 때부터 친구였는데 벼슬길에 나아가면서 정치적으로 적이 되었다. 왕희지(王羲之)가 화해시키려고 힘썼지만 은호가 듣지 않았다.

그 무렵, 5호16국(五胡十六國) 중 후조(後趙)가 내분에 휩싸이자 진나라에서는 이것을 기회삼아 중원 땅을 회복하려고 은호를 중원장군에 임명하여 출병했으나, 은호가 도중에 말에서 떨어져 제대로 싸워보지도 못하고 대패하고 돌아왔다. 환온은 기다렸다는 듯이 은호를 규탄한 상소(上疏)를 올려 변방으로 귀양 보내고 말았다. 환온은 사람들에게 이렇게 말했다.

"은호와 나는 어릴 때 죽마를 같이 타고 놀던 친구였다. 내가 죽마를 버리면 은호가 늘 가져갔으니, 그가 나에게 머리를 숙이는 것은 당연하지 않는가?"

환온이 인정을 베풀지 않아 은호는 귀양살이 하며 생애를 마쳤다고 한다.

_____ 년 _____ 월 _____ 일 ㊞

♣ **아래의 빈칸을 채우고,〈읽기〉부분을 소리 내어 읽어보시오.**

『推句集』쓰기 －105

〈읽기〉 **일화/천상동**이요　　　햇살의 빛남은 냇물 위에서 넘실거리고,

〈구절풀이 순서〉

　　　1　2　3　4　5
• 日 華 川 上 動

·일화 － 햇빛.

日	華	川	上	動
해 **일**	빛날 **화**	내 **천**	위 **상**	움직일 **동**
日	華	川	上	動

〈읽기〉 **풍광/초제부**라　　　바람의 기운은 풀숲 사이에 떠있네.

〈구절풀이 순서〉

　　　1　2　3　4　5
• 風 光 草 際 浮

·풍광 － 자연의 경치.

風	光	草	際	浮
바람 **풍**	빛 **광**	풀 **초**	사이 **제**	뜰 **부**
風	光	草	際	浮

____년 ____월 ____일 ㊞

♣ **아래의 시구(詩句)를 해석하고, 그 풀이에 알맞은 그림을 그려 보시오.**
　『推句集』 정리하고 쉬어가기 -105

- 日華/川上動이요.　〈해석〉: _____

- 風光/草際浮라.　〈해석〉: _____

♣ 〈고사성어〉　**中石沒鏃**　　中 맞을 **중**. 石 돌 **석**. 沒 잠길 **몰**. 鏃 화살 **촉**.　　• 출전 『사기』

〈뜻풀이〉　쏜 화살이 돌에 깊이 박혔다는 뜻으로,
　　　　　정신을 집중하여 전력을 다하면 어떤 일도 이룰 수 있다는 말.

〈유래〉 중국 전한(前漢)의 이광(李廣)은 농서 지방의 유명한 군인 집안 출신으로, 특히 활쏘기와 말타기에 뛰어난 용감한 장수였다. 문제(文帝) 때, 흉노와의 싸움에서 공을 세우고 황제를 시종하는 무관이 되었다. 어느 날은 황제를 호위하여 사냥을 나갔는데 혼자서 큰 호랑이를 때려잡아 천하에 이름을 떨치기도 했다. 그 후 국경의 수비 대장으로 있으면서 흉노를 토벌했는데 그때마다 늘 이기니 상승(常勝) 장군으로 통했다. 흉노족은 그를 한나라의 '날으는 장군'이라 부르며 감히 넘보지 못했다.

　어느 날, 황혼 무렵에 초원을 지나다가 어둠 속에서 호랑이를 발견하고 활을 뽑아 반드시 쏘아 죽이겠다는 마음으로 활시위를 당겼다. 그런데 호랑이가 꼼짝 않으므로 가까이 다가가 보니 쏜 화살이 깊게 박힌 커다란 돌이었다. 신기하여 활을 쏜 자리로 돌아와서 활을 당겼으나 화살은 돌에 닿자마자 튀어나가는 것이었다. 이미 정신이 하나로 모아지지 않았기 때문이다.

_____ 년 _____ 월 _____ 일 ㊞

♣ **아래의 빈칸을 채우고, 〈읽기〉 부분을 소리 내어 읽어보시오.**

『推句集』 쓰기 −106

〈읽기〉 **명월/송간조**요	밝은 달빛은 솔 사이로 비추고,				
〈구절풀이 순서〉	明	月	松	間	照
1　2　3　4　5	밝을 **명**	달 **월**	소나무 **송**	사이 **간**	비출 **조**
• 明 月 松 間 照					

〈읽기〉 **청천/석상류**라	맑은 샘물은 돌 위로 흐르네.				
〈구절풀이 순서〉	淸	泉	石	上	流
1　2　3　4　5	맑을 **청**	샘 **천**	돌 **석**	위 **상**	흐를 **류**
• 淸 泉 石 上 流					

_____ 년 _____ 월 _____ 일 ㊞

♣ **아래의 시구(詩句)를 해석하고, 그 풀이에 알맞은 그림을 그려 보시오.**
『推句集』 정리하고 쉬어가기 -106

- 明月/松間照요. 〈해석〉: _____
- 淸泉/石上流라. 〈해석〉: _____

♣ 〈고사성어〉 **曾子殺彘** 曾 성씨 **증**. 子 선생 **자**. 殺 죽일 **살**. 彘 돼지 **체**. • 출전 『한비자』

〈뜻풀이〉 증자가 돼지를 잡았다는 뜻으로,
부모는 아이들에게 언행에서 모범이 되고 믿음을 주어야 함을 비유.

〈유래〉 증자의 아내가 시장에 가려고 나서는데, 그 어린 아들이 어머니를 따라가며 칭얼거렸다. 그러자 아들을 달래며 말했다.
"얘야, 집에 가 있거라. 엄마가 집에 돌아오면 돼지를 잡아 맛있는 요리를 해 줄께."
증자의 아내가 시장을 보고 돌아오니, 증자가 돼지를 잡아 죽이려고 하였다. 아내는 증자를 말리면서 말했다.
"어린애를 달래느라 농담한 것뿐이에요."
그러자 증자가 말했다.
"어린애와 농담을 해서는 안 되오. 어린아이는 아직 지혜가 생기지 않아 부모를 따라 배우고 가르침을 듣는 법이오. 지금 당신이 아이를 속인다면 아이에게 속이는 것을 가르치는 것이오. 어머니가 자식을 속이고 자식은 그 어머니를 믿지 않는다면, 이것은 올바른 가르침이 아니오."
마침내 증자는 돼지를 잡아 요리를 하였다.

_____ 년 _____ 월 _____ 일 ㊞

♣ **아래의 빈칸을 채우고, 〈읽기〉 부분을 소리 내어 읽어보시오.**
『推句集』쓰기 -107

〈읽기〉 **청송/협로생**이요	푸른 소나무는 비좁은 길에서도 생장하고,

〈구절풀이 순서〉

   1 2 4 3 5
• 靑 松 夾 路 生

靑	松	夾	路	生
푸를 **청**	소나무 **송**	낄 **협**	길 **로**	자랄 **생**

〈읽기〉 **백운/숙첨단**이라	흰 구름은 처마 끝에서도 머무르네.

〈구절풀이 순서〉

   1 2 5 3 4
• 白 雲 宿 簷 端

·처마 - 지붕이 도리 밖으로 내민 부분. 차양처럼 무엇이 덮여 사방으로 늘어진 것.

白	雲	宿	簷	端
흰 **백**	구름 **운**	묵을 **숙**	처마 **첨**	끝 **단**

_____ 년 _____ 월 _____ 일 ㊞

♣ 아래의 시구(詩句)를 해석하고, 그 풀이에 알맞은 그림을 그려 보시오.

『推句集』 정리하고 쉬어가기 -107

- 靑松/夾路生 이요. 〈해석〉: _____
- 白雲/宿簷端 이라. 〈해석〉: _____

♣ 〈고사성어〉 指鹿爲馬   指 가리킬 **지**. 鹿 사슴 **록**. 爲 할 **위**. 馬 말 **마**.   • 출전 『사기』

〈뜻풀이〉 사슴을 가리켜 말이라고 한다는 뜻으로,
윗사람을 농락하고 권세를 함부로 부리는 것을 비유한 말.

〈유래〉 중국 진(秦)나라 진시황(秦始皇)이 죽자 환관 조고(趙高)는 조서(詔書)를 거짓으로 꾸며 태자 부소(扶蘇)를 죽이고, 어리고 못난 호해(胡亥)를 2세 황제로 세웠다.
　조고는 호해를 교묘히 조종하여 승상 이사(李斯)를 비롯하여 많은 신하들을 죽이고, 자신이 승상이 되어 모든 실권을 장악하였다. 의심이 많은 조고는 신하들 중에 반대파를 가려내기 위해 황제에게 사슴을 바치며 말했다.
　"폐하, 말을 받아주십시오."
　"승상은 농담하지 마시오. 사슴을 말이라고 하다니…. 경들의 눈에도 저 사슴이 말로 보이는가?"
　호해는 웃으며 여러 신하들을 둘러보았다. 대답을 들어보니, 말이라고 하는 사람들이 더 많았으나 아니라고 하는 사람도 있었다. 조고는 말이 아니라고 하는 사람들을 기억해 두었다가 죄를 씌워 죽여 버리니 궁중에서 조고를 반대하는 사람이 없었다고 한다.
　천하가 혼란에 빠지고 반란이 일어나 항우와 유방의 군대가 함양(咸陽)으로 쳐들어 오자, 조고는 호해를 죽이고 부소의 아들 자영(子嬰)을 황제로 내세웠으나 자영에게 죽임을 당하였다.

_____ 년 월 일 ㊞

♣ **아래의 빈칸을 채우고, 〈읽기〉 부분을 소리 내어 읽어보시오.**

『推句集』쓰기 -108

〈읽기〉 **하풍**/**송향기**요	연꽃에 이는 바람은 향기로움을 보내고,				
〈구절풀이 순서〉	荷	風	送	香	氣
1　2　4　　3 　 荷 風 送 香 氣	연꽃 **하**	바람 **풍**	보낼 **송**	향기 **향**	기운 **기**
·향기 - 꽃, 향, 향수 따위에서 나는 좋은 냄새.					

〈읽기〉 **죽로**/**적청향**이라	댓잎에 맺힌 이슬은 맑은 소리로 떨어지네!				
〈구절풀이 순서〉	竹	露	滴	淸	響
1　2　5　3　4 　 竹 露 滴 淸 響	대 **죽**	이슬 **로**	물방울 **적**	맑을 **청**	울림 **향**

_____ 년 ___ 월 ___ 일 ㊞

♣ **아래의 시구(詩句)를 해석하고, 그 풀이에 알맞은 그림을 그려 보시오.**

『推句集』 정리하고 쉬어가기 –108

- 荷風/送香氣요.   〈해석〉: _____

- 竹露/滴淸響이라.   〈해석〉: _____

♣ 〈고사성어〉 **天高馬肥**   天 하늘 천. 高 높을 고. 馬 말 마. 肥 살찔 비.   • 출전 『한서』

〈뜻풀이〉 하늘이 높고 말은 살찐다는 뜻으로,
가을은 기후가 좋고 오곡백과가 익는 계절이지만 흉노족의 침입도 경계하라고 이르는 말.

〈유래〉 북방의 흉노족은 거의 2,000년 동안 중국 변경의 농경 지대를 끊임없이 침범하여 약탈을 일삼은 유목 민족이다.
　그래서 고대 중국의 군주들은 흉노족의 침입을 막기 위해 성을 축조하여 만리장성(萬里長城)을 완성하기에 이르렀다.
　그러나 북방의 초원에서 방목과 수렵으로 살아가는 흉노족은 겨울을 살아야 할 양식이 필요했기 때문에 추수의 계절인 가을에 침략한 것이다. 그래서 북방 변경에 사는 고대 중국인들은 하늘이 높고 말이 살찌는 가을철이 오면 흉노족이 언제 쳐들어올지 몰라 방비를 하느라 전전긍긍했다고 한다.

_____ 년   월   일 ㊞

♣ **아래의 빈칸을 채우고, 〈읽기〉 부분을 소리 내어 읽어보시오.**

『推句集』쓰기 -109

〈읽기〉 **곡 직** / **풍 래 급** 이요	골짜기가 쭉 뻗어서 바람 불어옴이 급하고,				
〈구절풀이 순서〉 ㅤㅤ1 2 3 4 5 • 谷 直 風 來 急	谷	直	風	來	急
	골짜기 **곡**	곧을 **직**	바람 **풍**	올 **래**	급할 **급**
	谷	直	風	來	急

〈읽기〉 **산 고** / **월 상 지** 라	산이 높으니 달 떠오름이 더디네.				
〈구절풀이 순서〉 ㅤㅤ1 2 3 4 5 • 山 高 月 上 遲	山	高	月	上	遲
	산 **산**	높을 **고**	달 **월**	위 **상**	더딜 **지**
	山	高	月	上	遲

233

_____ 년 ____ 월 ____ 일 ㊞

♣ 아래의 시구(詩句)를 해석하고, 그 풀이에 알맞은 그림을 그려 보시오.
『推句集』 정리하고 쉬어가기 -109

- 谷直/風來急 이요. 〈해석〉: _____
- 山高/月上遲 라. 〈해석〉: _____

♣ 〈고사성어〉 **鐵面皮**　　鐵 쇠 **철**. 面 얼굴 **면**. 皮 가죽 **피**.　　• 출전 『북몽쇄언』

〈뜻풀이〉 얼굴에 철판을 깐 듯 뻔뻔하여 수치스러움을 모른다는 말.

〈유래〉 왕광원(王光遠)이라는 사람은 학문에 재주가 있어 진사(進士)시험에도 합격했으나, 출세욕이 지나쳐 고관들에게 잘 보이려는 언행을 일삼는 뻔뻔한 아첨꾼이 되었다.
　그는 아첨할 때 주위를 의식하지 않았고, 무례한 짓거리에도 웃어주곤 하였다. 한 번은 고관이 술에 취해 있었는데 매를 들고 이렇게 말했다.
　"자네를 매질하고 싶은데, 맞아 보겠나?"
　"영광입니다. 대감의 매라면 기꺼이 맞겠습니다."
　고관은 사정없이 왕광원을 매질했지만, 그는 화를 내지 않았다. 같이 있었던 친구가 집으로 돌아오면서 나무라며 말했다.
　"자네는 자존심도 없나? 모든 사람이 보는 앞에서 그런 모욕을 당했는데도 어쩌면 그토록 태연하단 말인가?"
　"이 사람아, 고관에게 잘 보이는데 나쁠 게 뭐 있나."
　친구는 기가 막혀 말을 못하였다. 당시 사람들도 그를 이렇게 말했다고 한다.
　"광원의 낯가죽엔 철판이 열 겹은 깔렸을꺼야."

♣ **아래의 빈칸을 채우고, 〈읽기〉 부분을 소리 내어 읽어보시오.**

『推句集』 쓰기 -110

〈읽기〉 **실솔/명동방** 이요   귀뚜라미는 골방에서 울고,

蟋	蟀	鳴	洞	房
귀뚜라미 **실**	귀뚜라미 **솔**	울 **명**	골 **동**	방 **방**

〈구절풀이 순서〉

• 蟋¹ 蟀³ 鳴 洞² 房

·실솔 - 메뚜기목 귀뚜라밋과의 곤충을 통틀어 이르는 말.
·동방 - 침실. 깊숙한 방.

〈읽기〉 **오동/낙금정** 이라   오동잎은 우물로 떨어지네.

梧	桐	落	金	井
오동나무 **오**	오동나무 **동**	떨어질 **락**	쇠 **금**	우물 **정**

〈구절풀이 순서〉

• 梧¹ 桐 落³ 金² 井

·금정 - '우물'을 아름답게 이르는 말.

____년 ____월 ____일 ㊞

♣ **아래의 시구(詩句)를 해석하고, 그 풀이에 알맞은 그림을 그려 보시오.**
『推句集』 정리하고 쉬어가기 -110

- 蟋蟀/鳴洞房 이요. 〈해석〉: _____
- 梧桐/落金井 이라. 〈해석〉: _____

♣ 〈고사성어〉 **借鷄騎還**   借 빌릴 **차** 鷄 닭 **계** 騎 말탈 **기** 還 돌아올 **환**   • 출전 『태평한화골계전』

〈뜻풀이〉 닭을 빌려 타고 돌아가겠다는 뜻으로, 손님 대접을 박하게 하는 것을 빗대어 이르는 말.

〈유래〉 김 선생이 어느 날 친구 집을 방문했다. 친구는 반갑게 맞아들이며 술대접을 하는데 술상의 안주가 채소뿐이었다. 친구는 겉치레 인사말로 형편이 어려워 차림이 없다고 미안해하였다. 때마침 뜰에는 여러 마리의 닭들이 모이를 쪼고 있었다. 그 모습을 보다 말고 김 선생은 헛기침을 하며 이렇게 말했다.
 "대장부가 천금을 아끼겠는가? 내 말을 잡아 술안주로 삼세"
 그러자 친구가 놀라며 말하였다.
 "자네의 말을 잡아 술안주로 삼으면 무엇을 타고 돌아간단 말인가?"
 "그야 닭을 빌려 타고 가면 되지 않겠나."
 그 말을 듣고 친구는 크게 웃으며, 뜰의 닭을 잡아 대접했다고 한다.

♣ **아래의 빈칸을 채우고, 〈읽기〉 부분을 소리 내어 읽어보시오.**

『推句集』 쓰기 －111

〈읽기〉 **산고/송하립**이요	산이 높아도 소나무 밑에 서 있고,				
〈구절풀이 순서〉 　　1　2　3　4　5 • 山 高 松 下 立	山 산 **산**	高 높을 **고**	松 소나무 **송**	下 아래 **하**	立 설 **립**

〈읽기〉 **강심/사상류**라	강이 깊어도 모래밭 위로 흐르네.				
〈구절풀이 순서〉 　　1　2　3　4　5 • 江 深 沙 上 流	江 강 **강**	深 깊을 **심**	沙 모래 **사**	上 위 **상**	流 흐를 **류**

_____ 년 _____ 월 _____ 일 ㊞

♣ **아래의 시구(詩句)를 해석하고, 그 풀이에 알맞은 그림을 그려 보시오.**
『推句集』 정리하고 쉬어가기 -111

- 山高 / 松下立 이요. 〈해석〉: _____
- 江深 / 沙上流 라. 〈해석〉: _____

♣ 〈고사성어〉 **七步之才**   七 일곱 **칠**. 步 걸음 **보**. 之 ~의 **지**. 才 재주 **재**.   • 출전 『세설신어』

〈뜻풀이〉 일곱 걸음 만에 시를 지을 수 있는 재주라는 뜻으로, 아주 뛰어난 글재주를 이르는 말.

〈유래〉 중국 삼국 시대의 위왕(魏王) 조조(曹操)는 장군이자 정치가이며 출중한 시인이었다. 아들 중에 셋째 조식(曹植)은 문학에 뛰어나서 아버지 조조의 총애를 받고 후사로까지 거론되었다. 맏아들인 조비(曹丕)는 어릴 때부터 조식의 글재주를 시기해 왔는데 후사 문제까지 불리하게 돌아가자 동생 조식에 대한 증오심은 날로 깊어갔다. 조조가 죽은 뒤 위왕에 오른 조비는 후한(後漢) 헌제(獻帝)를 폐위하고, 스스로 황제가 되어 문제(文帝)라 일컫고 국호를 위(魏)라고 했다. 평소 조식이 마음에 걸렸던 조비는 동생 조식을 불러 일곱 걸음 만에 시를 짓도록 명하였다. 만약 시를 짓지 못한다면 중벌에 처할 것이라고 하였다.
　조식은 걸음을 떼면서 이렇게 읊었다.

　　　콩을 삶는데 콩대를 태우니,　　　　煮豆燃豆萁 (자두연두기)
　　　솥 속의 콩이 우네.　　　　　　　　豆在釜中泣 (두재부중읍)
　　　본래 같은 뿌리에서 생겨났건만,　　本是同根生 (본시동근생)
　　　어찌 그리 급히 볶아 대는고.　　　　相煎何太急 (상전하태급)

조식이 칠보시(七步詩)를 짓자, 황제 조비는 부끄러워하며 동생을 살려주었다고 한다.

♣ **아래의 빈칸을 채우고,〈읽기〉부분을 소리 내어 읽어보시오.**

『推句集』쓰기 -112

〈읽기〉 **화개**/**작야우** 요	꽃이 어젯밤 빗속에서 피더니,				
〈구절풀이 순서〉	花	開	昨	夜	雨
1 5 2 3 4	꽃 **화**	필 **개**	어제 **작**	밤 **야**	비 **우**
• 花 開 昨 夜 雨					

〈읽기〉 **화락**/**금조풍** 이라	꽃이 오늘 아침 바람에 떨어지네.				
〈구절풀이 순서〉	花	落	今	朝	風
1 5 2 3 4	꽃 **화**	떨어질 **락**	이제 **금**	아침 **조**	바람 **풍**
• 花 落 今 朝 風					

_____ 년 월 일 ㊞

♣ 아래의 시구(詩句)를 해석하고, 그 풀이에 알맞은 그림을 그려 보시오.
『推句集』 정리하고 쉬어가기 -112

- 花開/昨夜雨요. 〈해석〉: _____
- 花落/今朝風이라. 〈해석〉: _____

♣ 〈고사성어〉 兎死狗烹   兎 토끼 **토**. 死 죽을 **사**. 狗 개 **구**. 烹 삶을 **팽**.   • 출전 『사기』

〈뜻풀이〉 토끼 사냥이 끝나면 사냥개는 삶아 먹힌다는 뜻으로,
필요할 때는 쓰고 필요 없을 때는 야박하게 버리는 경우를 이르는 말.

〈유래〉 중국을 통일한 한(漢) 고조(高祖) 유방(劉邦)은 한나라 창업 공신의 한사람인 한신(韓信)을 초왕(楚王)에 책봉했다. 그런데 항우를 도운 종리매(鍾離昧)가 한신에게 몸을 의탁하고 있다는 사실을 알고 한신에게 압송하도록 명령을 내렸다. 그러나 한신은 오히려 그를 숨겨 주어 반역을 하려고 한다는 의심을 샀다. 이에 고조는 진평(陳平)의 계책(獻策)에 따라 제후들을 초(楚) 땅으로 소집시켰다. 한신을 순순히 포박하든가 제후(諸侯)의 군사로 주살(誅殺)할 계획이었다.

그러던 어느 날 한신의 신하가 종리매의 목을 가져가시면 폐하께서 기뻐할 것이라고 얘기하자, 종리매는 크게 노하며 유방이 초나라를 치지 못하는 것은 자네 곁에 내가 있기 때문인데 내가 없어지면 자네도 망한다는 걸 잊지 말라고 하였다. 한신이 반역하려는 마음이 없자 종리매는 자결하고 말았다. 종리매의 목이 바쳐졌지만 고조는 한신을 역적으로 몰아 사로잡으니, 한신이 한탄하였다.

"영리한 토끼를 사냥하고 나니 훌륭한 사냥개는 삶아 먹히고, 하늘 높이 나는 새를 다 잡으면 좋은 활은 곳간에 처박히며, 적국을 쳐부수고 나면 지혜 있는 신하는 버림을 받는다더니 나라 위해 죽도록 힘썼건만 이번에 고조에게 죽게 되었구나!"

고조는 한신을 죽이지 않고 회음후(淮陰侯)로 좌천시킨 뒤 장안(長安)에서만 살도록 하였다.

♣ 아래의 빈칸을 채우고, 〈읽기〉 부분을 소리 내어 읽어보시오.

『推句集』 쓰기 -113

〈읽기〉 **대한**/**득감우**요   큰 가뭄에 단비를 만난 듯이,

〈구절풀이 순서〉

• 大 旱 得 甘 雨
  1 2 5 3 4

大	旱	得	甘	雨
큰 **대**	가뭄 **한**	얻을 **득**	달 **감**	비 **우**

〈읽기〉 **타향**/**봉고인**이라   타향에서 친구를 만나네.

〈구절풀이 순서〉

• 他 鄕 逢 故 人
  1   3 2

·타향 - 자기 고향이 아닌 고장.

·고인 - 오래전부터 사귀어 온 친구.
       죽은 사람을 이름.

他	鄕	逢	故	人
다를 **타**	고향 **향**	만날 **봉**	벗(친구) **고**	사람 **인**

_____ 년 _____ 월 _____ 일 ㊞

♣ 아래의 시구(詩句)를 해석하고, 그 풀이에 알맞은 그림을 그려 보시오.
『推句集』 정리하고 쉬어가기 -113

- **大旱/得甘雨**요, 〈해석〉: _____
- **他鄕/逢故人**이라. 〈해석〉: _____

♣ 〈고사성어〉 **破鏡**　　破 깨질 **파**. 鏡 거울 **경**.　　• 출전 『태평광기』

〈뜻풀이〉 쪼개거나 깨진 거울이라는 뜻으로, 부부의 이별 또는 이혼을 비유하는 말.

〈유래〉 중국 남북조 시대 때 진(陳)나라 서덕언은 수(隨)나라 군대가 쳐들어오자 상황을 예측할 수 없다며 아내에게 거울을 쪼개 한 쪽을 주면서 이렇게 말하였다.
　"당신은 미모와 재주가 뛰어나 적들에게 붙잡힐 것이오. 그렇게 되면 만나기 힘들겠지요. 만약 살아있다면 정월 대보름날 장터에서 만납시다."
　진나라는 수나라에 멸망당하고 서덕언은 겨우 목숨을 부지하였다. 아내는 수나라 문제의 일등 공신인 양소(楊素)의 집으로 들어가게 되었다. 1년 뒤에 장터에 나가보니 어떤 사내가 반쪽짜리 거울을 팔고 있었는데 바로 아내의 심부름꾼이었다. 서덕언은 거울을 꺼내어 맞춰보고 뒷면에 시를 적어 보냈다.
　"거울은 사람과 함께 갔는데, 거울만 돌아오고 사람은 돌아오지 않는구나. 선녀의 그림자는 다시없고, 밝은 달빛만 헛되이 비추네."
　이후로 부인이 먹지도 않고 울기만 하니, 양소가 그 사실을 알고 감동하여 두 사람을 불러 고향으로 돌아가게 해주었다.

♣ **아래의 빈칸을 채우고, 〈읽기〉 부분을 소리 내어 읽어보시오.**

『推句集』 쓰기 -114

〈읽기〉 **화호/난화골**이요	호랑이를 그리는데 뼈까지 그리기는 어렵고,				
〈구절풀이 순서〉	畫	虎	難	畫	骨
2 1 5 4 3 • 畫 虎 難 畫 骨	그림 **화**	범(호랑이) **호**	어려울 **난**	그림 **화**	뼈 **골**

〈읽기〉 **지인/미지심**이라	사람을 안다 해도 마음까지 알 수는 없다네.				
〈구절풀이 순서〉	知	人	未	知	心
2 1 5 4 3 • 知 人 未 知 心	알 **지**	사람 **인**	아닐 **미**	알 **지**	마음 **심**

_____ 년 _____ 월 _____ 일 ㊞

♣ **아래의 시구(詩句)를 해석하고, 그 풀이에 알맞은 그림을 그려 보시오.**
『推句集』 정리하고 쉬어가기 -114

- 畫虎/難畫骨이요. 〈해석〉: _____
- 知人/未知心이라. 〈해석〉: _____

♣ 〈고사성어〉 **破竹之勢**   破 깨뜨릴 **파**. 竹 대 **죽**. 之 ~의 **지**. 勢 기세 **세**.   • 출전 『진서』

〈뜻풀이〉 대나무를 쪼개는 기세라는 뜻으로,
세력이 강대해 감히 대적할 상대가 없음을 비유하여 이르는 말.

〈유래〉 중국 위(魏)나라의 사마염(司馬炎)은 사마중달의 손자로 위 원제(元帝)를 폐위시키고 황제가 되어 무제(武帝)라 일컫고, 진(晉)나라를 세웠다. 천하 통일을 위해 오(吳)나라와 대립하고 있었는데, 무제는 진남 대장군(鎭南大將軍) 두예(杜預)에게 출병하도록 명령하였다.
　이듬해, 무창(武昌)을 점령한 두예는 휘하 장수들과 오나라를 멸망시킬 마지막 작전 회의를 열었다. 그런데 한 장수가 지금은 봄비로 강물이 범람할 것이고, 전염병도 염려되니 철군했다가 겨울에 공략하자고 제안하니 다른 장수들도 이에 호응하였다.
　그러나 두예는 단호히 말했다.
　"그건 안 될 말이오. 아군의 사기는 하늘을 찌를듯하여 마치 대나무를 쪼갤 기세요. 대나무는 첫 두세 마디만 쪼개지면 그 다음부터는 칼날이 닿기만 해도 저절로 쪼개지는 법인데, 이런 기회를 버린단 말인가."
　두예는 단숨에 오나라의 도읍 건업을 공략하여, 오왕(吳王) 손호(孫皓)의 항복을 받아내고 삼국을 통일하였다.

_____ 년 _____ 월 _____ 일 ㊞

♣ **아래의 빈칸을 채우고, 〈읽기〉 부분을 소리 내어 읽어보시오.**

『推句集』 쓰기 −115

〈읽기〉 **수거/불부회**요	강물이 흘러가면 다시는 돌아올 수 없고,				
〈구절풀이 순서〉	水	去	不	復	回
1 2 5 3 4	강물 **수**	갈 **거**	아닐 **불**	다시 **부**	돌 **회**
• 水 去 不 復 回					

〈읽기〉 **언출/난갱수**라	말은 한 번 뱉으면 다시는 거두기가 어렵다네.				
〈구절풀이 순서〉	言	出	難	更	收
1 2 5 3 4	말씀 **언**	날 **출**	어려울 **난**	다시 **갱**	거둘 **수**
• 言 出 難 更 收					

_____ 년 _____ 월 _____ 일 ㊞

♣ 아래의 시구(詩句)를 해석하고, 그 풀이에 알맞은 그림을 그려 보시오.
『推句集』 정리하고 쉬어가기 -115

- **水去/不復回**요.　〈해석〉: _____

- **言出/難更收**라.　〈해석〉: _____

♣ 〈고사성어〉 **涸轍鮒魚**　涸 물 마를 **학**. 轍 바퀴자국 **철**. 鮒 붕어 **부**. 魚 물고기 **어**.　• 출전 『장자』

〈뜻풀이〉　수레바퀴 자국의 괸 물에 있는 붕어란 뜻으로,
　　　　　매우 위급한 경우에 처했거나 몹시 고단하고 옹색함의 비유.

〈유래〉 중국 전국 시대에 무위자연(無爲自然)을 주장한 장자(莊子)는 누구에게도 구속받지 않는 자유로운 삶을 즐겼다. 그러다 보니 가난하여 끼니조차 잇기가 어려워 친구인 감하후(監河侯)에게 찾아가 양식을 빌려달라고 부탁했으나 핑계만 댔다.
　"조금 있으면 세금이 올라오니 그 때 큰돈을 융통해 주겠네."
　당장 배가 고파 죽을 지경이니 며칠 뒤의 큰돈은 소용없는 일이어서 이렇게 말하였다.
　"내가 여기로 급히 오는데 누가 나를 불러서 주위를 둘러보니 수레바퀴 자국의 괸 물에 붕어 한 마리가 지금 말라죽게 생겼으니 물을 달라는 거야. 그런데 귀찮은 생각이 들어 며칠 뒤에 오(吳)나라와 월(越)나라로 가는데 서강(西江)의 맑은 물을 듬뿍 길어다 줄 테니 그 때까지 기다리라 했더니, 붕어는 숨이 넘어가며 조금의 물만 있어도 살 수 있겠는데 당신은 기다리라고 하니 나중에 건어물전(乾魚物廛)으로 나의 시체를 보러오라고 하더군. 그럼, 실례하겠네.

_____ 년 _____ 월 _____ 일 ㊞

♣ **아래의 빈칸을 채우고, 〈읽기〉 부분을 소리 내어 읽어보시오.**

『推句集』 쓰기 −116

〈읽기〉 **학문**/**천재보** 요	글을 배우면 천년의 보배를 얻지만,				
〈구절풀이 순서〉	學	文	千	載	寶
• 學 文 千 載 寶 　 2　 1　 3　 4	배울 **학**	글월 **문**	일천 **천**	해 **재**	보배 **보**
·천재 - 천 년이나 되는 세월.					

〈읽기〉 **탐물**/**일조진** 이라	물건을 탐하면 하루아침에 흙먼지 신세가 된다네.				
〈구절풀이 순서〉	貪	物	一	朝	塵
• 貪 物 一 朝 塵 　 2　 1　 3　 4　 5	탐할 **탐**	물건 **물**	한 **일**	아침 **조**	흙먼지 **진**

_____ 년 _____ 월 _____ 일 ㊞

♣ **아래의 시구(詩句)를 해석하고, 그 풀이에 알맞은 그림을 그려 보시오.**
『推句集』 정리하고 쉬어가기 -116

- 學文/千載寶요. 〈해석〉: _____
- 貪物/一朝塵이라. 〈해석〉: _____

♣ 〈고사성어〉 **解語花**   解 풀 **해**. 語 말씀 **어**. 花 꽃 **화**.   • 출전 『개원천보유사』

〈뜻풀이〉 말귀를 알아듣는 꽃이란 뜻으로, 미인을 비유하여 이르는 말.

〈유래〉 중국 당나라 현종(玄宗)은 아들의 아내였던 양귀비를 보고 반해서 왕비로 삼았다. 현종은 양귀비의 미모와 재치에 빠져 그녀의 일족들을 높은 벼슬에 앉히고, 정치를 돌보지 않았다.
　어느 화창한 날에 태액지(太額池)에 핀 연꽃을 바라보던 현종은 문득 왕비를 가리키며 좌우에 있는 궁녀들에게 말했다.
　"저 연꽃의 아름다움도 어찌 말을 알아 듣는 이 꽃만 하겠느냐!"

_____ 년   월   일 ㊞

♣ **아래의 빈칸을 채우고, 〈읽기〉 부분을 소리 내어 읽어보시오.**

『推句集』 쓰기 -117

〈읽기〉 **문장/이태백** 이요   문장은 이태백이 으뜸이고,

文	章	李	太	白
글월 **문**	글 **장**	성씨 **리**	클 **태**	흰 **백**
文	章	李	太	白

〈구절풀이 순서〉

• 文¹ 章 李² 太 白

·문장 - 생각·느낌·사상(思想) 등을 글로 표현한 것.

·이태백 - 당나라 시선(詩仙)인 이백(701~762). 두보와 시의 양대 산맥을 이룸. 그의 시는 서정성이 뛰어나 논리성, 체계성보다는 감각, 직관에서 독보적임. 술달을 소재로 많이 썼으며, 낭만적이고 귀족적인 시풍을 지녔음. 『이태백시집』 30권이 있음.

〈읽기〉 **필법/왕희지** 라   필법은 왕희지가 첫째라네.

筆	法	王	羲	之
붓 **필**	법 **법**	성씨 **왕**	복희씨 **희**	어조사 **지**
筆	法	王	羲	之

〈구절풀이 순서〉

• 筆¹ 法 王² 羲 之

·필법 - 붓글씨 쓰는 법.

·왕희지 - 307~365. 중국 진(晉)나라 시대의 서예가. 왕우군(王右軍)이라고도 하며, 해서·행서·초서의 3체를 전아한 귀족적인 서체로 완성했음.

·복희씨 - 중국 고대의 제왕. 삼황오제의 수위(首位)를 차지하며, 팔괘(八卦)를 처음으로 만들고 그물을 발명하여 고기잡이의 방법을 가르쳤다 함.

_____ 년 _____ 월 _____ 일 ㊞

♣ 아래의 시구(詩句)를 해석하고, 그 풀이에 알맞은 그림을 그려 보시오.
『推句集』 정리하고 쉬어가기 —117

- **文章/李太白**이요. 〈해석〉: _____
- **筆法/王羲之**라. 〈해석〉: _____

♣ 〈고사성어〉 **螢雪之功**   螢 개똥벌레 **형**. 雪 눈 **설**. 之 ~의 **지**. 功 공 **공**.   • 출전 『몽구』

〈뜻풀이〉 반딧불이(개똥벌레)와 눈의 빛으로 이룬 공이라는 뜻으로,
         가난한 사람이 반딧불과 눈빛으로 글을 읽어가며 고생 속에서 공부함을 일컫는 말.

〈유래〉 중국 진(晉)나라의 차윤(車胤)은 어려서부터 공손하고 부지런했으며 열심히 공부했다. 그러나 집이 가난하여 기름을 살 수 없으므로 등불을 켜고 책을 읽지 못하였다. 그래서 여름에는 비단 주머니에 반딧불이 수십 마리를 잡아넣어 그 불빛으로 밤새워 책을 읽고, 과거에 합격하여 벼슬이 상서랑에 이르렀다.

　진(晉)나라의 손강(孫康)은 어려서부터 청렴하고 친구를 함부로 사귀지 않았다. 집안이 가난해서 등불을 켤 기름을 살 수 없자 흰 눈빛에 책을 비추어가며 공부하여, 과거시험을 통과해 벼슬이 어사대부에 이르렀다.

　후세 사람들이 서재의 창문을 형창(螢窓)이라 하고 책상을 설안(雪案)이라고 불렀는데, 그것은 어렵고 고생스럽지만 열심히 공부하여 얻은 보람을 차윤과 손강의 옛일에서 찾을 수 있었기 때문이다.

_____ 년 _____ 월 _____ 일 ㊞

♣ **아래의 빈칸을 채우고, 〈읽기〉 부분을 소리 내어 읽어보시오.**

『推句集』 쓰기 -118

〈읽기〉 **일일/부독서**면   하루라도 글을 읽지 않으면,

〈구절풀이 순서〉

• 一 日 不 讀 書
   1 4 3 2

一	日	不	讀	書
한 **일**	해 **일**	아닐 **부**	읽을 **독**	글·책 **서**

〈읽기〉 **구중/생형극**이라   입 안에 가시가 돋친다네.

〈구절풀이 순서〉

• 口 中 生 荊 棘
  1 2 4 3

· 형극 - 나무의 가시. 고난의 길을 비유하여 이르는 말.

口	中	生	荊	棘
입 **구**	가운데 **중**	날 **생**	가시나무 **형**	가시 **극**

_____ 년 ___ 월 ___ 일 ㊞

♣ **아래의 시구(詩句)를 해석하고, 그 풀이에 알맞은 그림을 그려 보시오.**
  『推句集』 정리하고 쉬어가기 –118

- **一日**/**不讀書**면,   〈해석〉: _____
- **口中**/**生荊棘**이라. 〈해석〉: _____

♣ 〈고사성어〉 **狐假虎威**   狐 여우 **호**. 假 빌릴 **가**. 虎 범 **호**. 威 위엄 **위**.   • 출전 『전국책』

〈뜻풀이〉 여우가 호랑이의 위세를 빌어 다른 짐승을 놀라게 한다는 뜻으로,
         남의 권세를 빌어 위세를 부린다는 말.

〈유래〉 중국 전국시대 때, 초(楚) 나라 선왕(宣王)은 위(魏) 나라에서 사신으로 왔다가 그의 신하가 된 강을(江乙)에게 물었다.
  "위나라를 비롯한 여러 나라가 우리 재상 소해휼(昭奚恤)을 두려워하고 있다는데 사실인가?"
  "전하께서는 혹시 여우가 호랑이의 위엄을 빌린다는 말을 알고 계십니까?"
  초나라 선왕은 모른다고 대답하니, 강을이 말하였다.
  "어느 날 여우가 호랑이의 먹잇감이 되었는데, 여우가 말했습니다. '네가 나를 잡아먹으면 나를 모든 짐승의 우두머리로 정하신 하느님의 명령을 어긴 것이 되어 천벌을 받게 된다. 만약 내 말을 못 믿겠으면 당장 내 뒤를 따라오너라. 나를 보고 달아나지 않는 짐승은 한 마리도 없을 것이다.' 그래서 호랑이는 여우 말대로 뒤따라가니 과연 여우의 말대로 짐승들은 만나자마자 정신없이 달아났습니다. 호랑이는 자기 때문에 짐승들이 달아난다는 사실을 깨닫지 못한 것입니다. 바로 전하의 강한 군대를 두려워해서인데 소해휼이 군사권을 독차지하여 지휘하기 때문입니다."
  강을은 초 선왕에게 소해휼이 왕족이자 명재상으로 눈엣가시였기 때문에 깎아내린 말로 아첨을 한 것이다.

___ 년 ___ 월 ___ 일 ㊞

♣ **아래의 빈칸을 채우고, 〈읽기〉 부분을 소리 내어 읽어보시오.**

『推句集』쓰기 −119

〈읽기〉 **화 유 / 중 개 일** 이요	꽃은 거듭 피는 날이 있지만,				
〈구절풀이 순서〉 　1　5　2　3　4 • 花 有 重 開 日	花	有	重	開	日
	꽃 **화**	있을 **유**	거듭 **중**	필 **개**	날 **일**

〈읽기〉 **인 무 / 갱 소 년** 이라	사람에게 다시는 젊은 시절이 없다네.				
〈구절풀이 순서〉 　1　5　2　3　4 • 人 無 更 少 年	人	無	更	少	年
	사람 **인**	없을 **무**	다시 **갱**	젊을 **소**	나이 **년**

_____ 년 _____ 월 _____ 일 ㉑

♣ 아래의 시구(詩句)를 해석하고, 그 풀이에 알맞은 그림을 그려 보시오.
『推句集』 정리하고 쉬어가기 -119

- 花有/重開日이요. 〈해석〉: _____
- 人無/更少年이라. 〈해석〉: _____

♣ 〈고사성어〉 **畫龍點睛**   畫 그림 **화**. 龍 용 **룡**. 點 점 **점**. 睛 눈동자 **정**.   • 출전 『수형기』

〈뜻풀이〉 용을 그리는데 눈동자도 그려 넣는다는 뜻으로,
사물의 가장 중요한 부분을 완성시킴을 비유.

〈유래〉 중국 남북조시대 양(梁)나라에 장승요(張僧繇)라는 사람은 우군장군(右軍將軍)과 오흥태수(吳興太守)까지 지냈는데, 붓으로 사물을 표현하는데 실물처럼 잘 그렸다.
어느 날, 금릉(金陵) 안락사(安樂寺)의 주지스님이 벽에다 용을 그려 달라고 부탁하였다. 그는 검을 구름을 헤치고 하늘로 날아오를 듯한 용을 네 마리나 그렸는데 생동감이 넘치는 용 그림을 보고 모두들 찬탄하였다.
　그런데 하나같이 눈동자가 그려져 있지 않아서 이유를 물으니, 눈동자를 그리면 날아가 버리기 때문이라고 하였다. 사람들이 믿지 않으며 눈동자를 그려 넣으라고 성화를 부리자 용 한 마리에 눈동자를 그려 넣었다. 그러자 갑자기 번개가 치고 천둥이 울리며 그 용이 벽을 박차고 뛰쳐나가 하늘로 올라가 버렸다. 그러나 나머지 용 그림은 눈동자를 그려 넣지 않아 벽에 그대로 남아 있었다고 한다.

♣ **아래의 빈칸을 채우고, 〈읽기〉 부분을 소리 내어 읽어보시오.**

『推句集』 쓰기 -120

〈읽기〉 **백일**/**막허송**고	좋은 날을 헛되이 보내지 말라,

〈구절풀이 순서〉

• 白¹ 日⁴ 莫² 虛³ 送

·백일 - 대낮. 구름이 끼지 않아 밝게 빛나는 해.

白	日	莫	虛	送
흰 **백**	해 **일**	~지말 **막**	빌 **허**	보낼 **송**

〈읽기〉 **청춘**/**부재래**라	청춘 시절은 두 번 오지 않으니!

〈구절풀이 순서〉

• 靑¹ 春⁴ 不² 再³ 來

·청춘 - 새싹이 파랗게 돋아나는 봄철이라는 뜻으로, 십대 후반에서 이십 대에 걸치는 인생의 젊은 나이 또는 그런 시절을 이르는 말.

靑	春	不	再	來
푸를 **청**	봄 **춘**	아닐 **부**	두 **재**	올 **래**

_____ 년 _____ 월 _____ 일 ㊞

♣ 아래의 시구(詩句)를 해석하고, 그 풀이에 알맞은 그림을 그려 보시오.
『推句集』 정리하고 쉬어가기 -120

- 白日/莫虛送고. 〈해석〉: _____
- 青春/不再來라. 〈해석〉: _____

♣ 〈고사성어〉 和氏之璧   和 성씨 화. 氏 성씨 씨. 之 ~의 지. 璧 둥근옥 벽.   • 출전 『한비자』

〈뜻풀이〉 화씨의 구슬이라는 뜻으로,
  어떤 난관도 참고 견디면서 자신의 의지를 관철시키는 것을 비유하는 말.

〈유래〉 중국 전국 시대, 초(楚)나라에 변화씨(卞和氏)란 사람이 산 속에서 옥돌을 발견하여 여왕(厲王)에게 바쳤다. 옥돌을 감정하는 사람에게 보이니 돌멩이라고 하여, 왕을 속인 죄로 변화씨의 오른발 뒤꿈치를 잘라버렸다. 무왕(武王)이 왕위에 오르자 변화씨는 그 옥돌을 왕에게 바쳤으나, 또 돌멩이라고 하는 바람에 이번에는 왼발 뒤꿈치마저 잘리고 말았다.
  무왕이 죽고 문왕(文王)이 즉위하자, 변화씨는 옥돌을 끌어안고 형산 아래서 사흘 밤낮동안 피눈물을 흘리며 울었다. 문왕은 발을 잘린 형벌을 받은 자가 많은데 어찌 그렇게 슬피 우는지 물었다.
  "저는 두발이 잘려서 슬피 우는 것이 아니라, 보옥을 돌멩이 취급하고 곧은 선비에게 거짓말을 했다고 하여 벌을 준 것이 슬플 뿐입니다."
  문왕은 그 옥돌을 장인에게 맡겨 천하에 둘도 없는 명옥(名玉)을 얻었다. 그리고 변화씨에게 대부벼슬과 많은 상을 내리고 '화씨의 구슬'이라고 불렀다.
  한비자는 인물을 꿰뚫어 볼 줄 모르는 우매한 군주와 지조 있는 선비가 처신하기 어려운 점을 '화씨의 구슬'에 빗대어 이야기 하였다.

♣ **아래의 빈칸을 채우고, 〈읽기〉 부분을 소리 내어 읽어보시오.**

故事成語 쓰기 -1

〈읽기〉 苛政猛虎	가혹한 정치는 범의 폐해보다 더 무섭다는 뜻.

| 가혹할 **가** | 다스릴 **정** | 사나울 **맹** | 범 **호** |

〈읽기〉 刻舟求劍	상황의 변화에 적절히 대응하지 못하는 미련함을 비유.

| 새길 **각** | 배 **주** | 찾을 **구** | 칼 **검** |

〈읽기〉 乾坤一擲	운명과 흥망을 걸고 단판걸이로 승부나 성패를 겨룬다는 뜻.

| 하늘 **건** | 땅 **곤** | 한 **일** | 던질 **척** |

〈읽기〉 結草報恩	죽어서도 은혜를 잊지 않고 갚음.

| 맺을 **결** | 풀 **초** | 갚을 **보** | 은혜 **은** |

〈읽기〉 鷄口牛後	큰 집단의 말석보다는 작은 집단의 우두머리가 낫다는 말.

| 닭 **계** | 입 **구** | 소 **우** | 뒤 **후** |

〈읽기〉 鷄肋	쓸모는 별로 없으나 버리기는 아까운 사물의 비유.

| 닭 **계** | 갈비 **륵** |

_____ 년 _____ 월 _____ 일 ㊞

♣ **아래의 빈칸을 채우고, 〈읽기〉 부분을 소리 내어 읽어보시오.**

故事成語 쓰기 -2

〈읽기〉 鷄鳴拘盜 천한 기능을 가진 사람도 때로는 쓸모가 있음의 비유.
鷄鳴拘盜
닭 **계** / 울 **명** / 개 **구** / 훔칠 **도**

〈읽기〉 孔子穿珠 모르는 것을 자기보다 못한 사람에게 묻는 것은 부끄러움이 아니라는 뜻.
孔子穿珠
성씨 **공** / 선생 **자** / 꿸 **천** / 구슬 **주**

〈읽기〉 瓜田李下 의심받을 짓은 처음부터 하지 말라는 말.
瓜田李下
외 **과** / 밭 **전** / 오얏 **리** / 아래 **하**

〈읽기〉 管鮑之交 친구를 위하는 두터운 우정을 일컫는 말.
管鮑之交
성씨 **관** / 성씨 **포** / ~의 **지** / 사귈 **교**

〈읽기〉 刮目相對 남의 학식이나 재주가 전에 비해 부쩍 는 것을 일컫는 말.
刮目相對
비빌 **괄** / 눈 **목** / 서로 **상** / 대할 **대**

〈읽기〉 狡兔三窟 몸을 숨겨 재난을 피할 곳이 많다는 말.
狡兔三窟
교활할 **교** / 토끼 **토** / 석 **삼** / 구멍 **굴**

♣ **아래의 빈칸을 채우고, 〈읽기〉 부분을 소리 내어 읽어보시오.**

故事成語 쓰기 -3

〈읽기〉 鴝鵒學舌 자신의 주견이 없이 남의 흉내만 내는 것을 비꼬는 말.							
鴝	鵒	學	舌				
구관조 **구**	구관조 **욕**	배울 **학**	혀 **설**				
〈읽기〉 九牛一毛 많은 것 중에 가장 적은 것의 비유.							
九	牛	一	毛				
아홉 **구**	소 **우**	한 **일**	털 **모**				
〈읽기〉 國士無雙 나라에서 둘도 없는 뛰어난 인물이란 뜻.							
國	士	無	雙				
나라 **국**	선비 **사**	없을 **무**	쌍 **쌍**				
〈읽기〉 捲土重來 어떤 일에 실패한 뒤 다시 힘을 길러 그 일에 재차 착수함을 비유.							
捲	土	重	來				
말 **권**	흙 **토**	거듭 **중**	올 **래**				
〈읽기〉 錦衣夜行 자기가 아무리 잘 하여도 남이 알아주지 못한다는 뜻.							
錦	衣	夜	行				
비단 **금**	옷 **의**	밤 **야**	다닐 **행**				
〈읽기〉 杞憂 쓸데없는 걱정을 함.							
杞	憂						
기나라 **기**	근심할 **우**						

259

년   월   일 ㊞

♣ **아래의 빈칸을 채우고, 〈읽기〉 부분을 소리 내어 읽어보시오.**

故事成語 쓰기 -4

〈읽기〉騎虎之勢 무슨 일을 하다가 도중에 그만둘 수 없는 형편을 이르는 말.
騎虎之勢
말탈 **기**	범 **호**	~는 **지**	권세 **세**

| 〈읽기〉奇貨可居 진기한 물건이나 사람은 당장 쓸 곳이 없어도 훗날을 위해 잘 간직할 만하다는 말. |
| 奇貨可居 |
| 기이할 **기** | 재화 **화** | 옳을 **가** | 살 **거** |

| 〈읽기〉難兄難弟 둘 중에 어느 편이 낫다고 판단할 수 없는 경우에 쓰이는 말. |
| 難兄難弟 |
| 어려울 **난** | 형 **형** | 어려울 **난** | 아우 **제** |

| 〈읽기〉南柯一夢 꿈과 같이 헛된 한때의 부귀와 영화라는 말. |
| 南柯一夢 |
| 남녘 **남** | 가지 **가** | 한 **일** | 꿈 **몽** |

| 〈읽기〉濫觴 모든 사물의 시발점을 가리키는 말. |
| 濫觴 |
| 넘칠 **람** | 뿔술잔 **상** |

| 〈읽기〉老馬之智 연륜이 깊으면 나름의 장점과 특기가 있게 된다는 말. |
| 老馬之智 |
| 늙을 **로** | 말 **마** | ~의 **지** | 슬기 **지** |

년　월　일㊞

♣ 아래의 빈칸을 채우고, 〈읽기〉 부분을 소리 내어 읽어보시오.

故事成語 쓰기 -5

〈읽기〉 **累卵之危** 포개놓은 알처럼 무너지기 쉽고 위태로운 상태라는 뜻.

| 쌓을 **루** | 알 **란** | ~는 **지** | 위태할 **위** | | | | |

〈읽기〉 **多岐亡羊** 학문의 길이 많아 진리를 찾기 어렵다는 말.

| 많을 **다** | 갈래나뉠 **기** | 잃을 **망** | 양 **양** | | | | |

〈읽기〉 **多多益善** 많으면 많을수록 더욱 좋다는 뜻.

| 많을 **다** | 많을 **다** | 더욱 **익** | 좋을 **선** | | | | |

〈읽기〉 **斷機之戒** 학문을 중도에서 그만두면 아무 쓸모가 없다는 말.

| 끊을 **단** | 베틀 **기** | ~는 **지** | 경계할 **계** | | | | |

〈읽기〉 **斷腸** 마음이 몹시 슬프다는 말.

| 끊을 **단** | 창자 **장** | | | | | | |

〈읽기〉 **螳螂拒轍** 자기 분수를 모르고 상대가 되지 않는 사람이나 사물과 대적한다는 말.

| 사마귀 **당** | 사마귀 **랑** | 막을 **거** | 바퀴자국 **철** | | | | |

♣ **아래의 빈칸을 채우고, 〈읽기〉 부분을 소리 내어 읽어보시오.**

故事成語 쓰기 -6

〈읽기〉 **大器晚成** 큰 사람이 되기 위해서는 많은 노력과 시간이 필요함을 나타내는 말.

大	器	晚	成				
큰 **대**	그릇 **기**	늦을 **만**	이룰 **성**				

〈읽기〉 **同病相憐** 같은 처지에 있는 사람끼리 서로 가여워함.

同	病	相	憐				
한가지 **동**	병들 **병**	서로 **상**	불쌍할 **련**				

〈읽기〉 **登龍門** 입신출세의 관문을 가리키는 말.

登	龍	門				
오를 **등**	용 **룡**	문 **문**				

〈읽기〉 **磨斧作針** 아무리 어려운 일이라도 꾸준히 노력하면 이룰 수 있다는 뜻.

磨	斧	作	針				
갈 **마**	도끼 **부**	지을 **작**	바늘 **침**				

〈읽기〉 **望洋之歎** 다른 사람의 위대함을 보고 자신의 미흡함을 부끄러워한다는 뜻.

望	洋	之	歎				
바랄 **망**	큰바다 **양**	~는 **지**	감탄할 **탄**				

〈읽기〉 **麥秀之嘆** 조국이 멸망한 것을 한탄한다는 뜻.

麥	秀	之	嘆				
보리 **맥**	빼어날 **수**	~는 **지**	탄식할 **탄**				

♣ **아래의 빈칸을 채우고, 〈읽기〉 부분을 소리 내어 읽어보시오.**
故事成語 쓰기 -7

〈읽기〉 **孟母三遷** 자식을 위하는 숭고한 모정을 나타내는 말.

| 성씨 **맹** | 어미 **모** | 석 **삼** | 옮길 **천** | | | |

〈읽기〉 **矛盾** 말이나 행동의 앞뒤가 서로 맞지 않음을 비유.

| 세모진창 **모** | 방패 **순** | | | | | |

〈읽기〉 **毛遂自薦** 부끄러움 없이 자기를 내세우는 사람을 빗대어 가리키는 말.

| 성씨 **모** | 드디어 **수** | 스스로 **자** | 추천할 **천** | | | |

〈읽기〉 **武陵桃源** 이 세상을 떠난 별천지를 이르는 말.

| 굳셀 **무** | 언덕 **릉** | 복숭아 **도** | 근원 **원** | | | |

〈읽기〉 **刎頸之交** 서로 죽음을 함께 할 수 있는 거슬림이 없는 친한 사이를 이르는 말.

| 목벨 **문** | 목 **경** | 어조사 **지** | 사귈 **교** | | | |

〈읽기〉 **門前成市** 세력이 있어 찾아오는 사람이 매우 많음을 나타내는 말.

| 문 **문** | 앞 **전** | 이룰 **성** | 저자 **시** | | | |

♣ **아래의 빈칸을 채우고, 〈읽기〉 부분을 소리 내어 읽어보시오.**

故事成語 쓰기 -8

〈읽기〉 尾生之信	미련하도록 약속을 굳게 지키는 것이나 고지식하여 융통성이 없음을 가리키는 말.
尾生之信	
꼬리 **미** / 날 **생** / ~의 **지** / 믿을 **신**	

〈읽기〉 拔本塞源	폐단의 근본 원인을 모조리 없앤다는 말.
拔本塞源	
뺄 **발** / 근본 **본** / 막을 **색** / 근원 **원**	

〈읽기〉 傍若無人	주위에 있는 다른 사람을 전혀 의식하지 않고 제멋대로 행동한다는 말.
傍若無人	
곁 **방** / 같을 **약** / 없을 **무** / 사람 **인**	

〈읽기〉 杯盤狼藉	술자리가 끝난 이후의 난잡한 모습을 나타내는 말.
杯盤狼藉	
잔 **배** / 쟁반 **반** / 어지러울 **낭** / 깔 **자**	

〈읽기〉 背水陣	어떤 일에 결사적인 각오로 임한다는 말.
背水陣	
등 **배** / 강물 **수** / 진칠 **진**	

〈읽기〉 杯中蛇影	부질없이 의심을 품으면 엉뚱한 데에서 탈이 난다는 것을 비유한 말.
杯中蛇影	
잔 **배** / 가운데 **중** / 뱀 **사** / 그림자 **영**	

♣ 아래의 빈칸을 채우고, 〈읽기〉 부분을 소리 내어 읽어보시오.

故事成語 쓰기 -9

〈읽기〉 **白面書生** 글만 읽어 세상 물정에 어둡고 경험이 없는 사람을 이르는 말.

| 흰 **백** | 얼굴 **면** | 글 **서** | 날 **생** | | | | |

〈읽기〉 **白眉** 여럿 가운데 가장 뛰어난 것을 가리키는 말.

| 흰 **백** | 눈썹 **미** | | |

〈읽기〉 **伯牙絶絃** 자기를 알아 주는 절친한 벗의 죽음을 슬퍼한다는 말.

| 맏 **백** | 어금니 **아** | 끊을 **절** | 악기줄 **현** | | | | |

〈읽기〉 **法不徇情** 사사로운 정에 매이지 않는 공정한 법 집행을 가리키는 말.

| 법 **법** | 아닐 **불** | 주창할 **순** | 뜻 **정** | | | | |

〈읽기〉 **覆水不收** 한 번 저지른 일은 어찌할 수 없다는, 또는 다시 중지할 수 없다는 뜻.

| 엎어질 **복** | 물 **수** | 아닐 **불** | 거둘 **수** | | | | |

〈읽기〉 **不貪爲寶** 탐하지 않음을 보배로 삼는다는 말.

| 아닐 **불** | 탐낼 **탐** | 할 **위** | 보배 **보** | | | | |

_____ 년 ____ 월 ____ 일 ㊞

♣ **아래의 빈칸을 채우고, 〈읽기〉 부분을 소리 내어 읽어보시오.**

故事成語 쓰기 -10

〈읽기〉 徙木之信	위정자가 백성에 대한 신임을 밝히는 일을 이르는 말.
徙 木 之 信	
옮길 **이**	나무 **목**	~의 **지**	믿을 **신**				

〈읽기〉 四面楚歌	사방이 적으로 둘러싸여 외톨이가 된 상태를 비유한 말.
四 面 楚 歌	
넉 **사**	낯 **면**	초나라 **초**	노래 **가**				

〈읽기〉 蛇足	하지 않아도 될 쓸데없는 일을 덧붙여 하다가 도리어 일을 그르침을 이르는 말.
蛇 足	
뱀 **사**	발 **족**						

〈읽기〉 三顧草廬	윗사람이 아랫사람을 데려다 쓰기 위해 각별한 정성을 기울인다는 말.
三 顧 草 廬	
석 **삼**	돌아볼 **고**	풀 **초**	오두막 **려**				

〈읽기〉 三人成虎	거짓된 말도 여러 번 되풀이하면 참인 것처럼 여겨짐을 말함.
三 人 成 虎	
석 **삼**	사람 **인**	이룰 **성**	범 **호**				

〈읽기〉 塞翁之馬	세상 일은 변화가 무쌍하여 길흉을 섣불리 단정할 수 없다는 뜻.
塞 翁 之 馬	
변방 **새**	늙은이 **옹**	~의 **지**	말 **마**				

♣ **아래의 빈칸을 채우고, 〈읽기〉부분을 소리 내어 읽어보시오.**

故事成語 쓰기 -11

〈읽기〉 西施矉目	덮어놓고 남의 흉내를 내거나, 또는 남의 단점을 장점인 줄 알고 모방하는 어리석음을 말함.
西施矉目	
서녘 **서** / 베풀 **시** / 찡그릴 **빈** / 눈 **목**	

〈읽기〉 噬臍莫及	일이 그릇된 뒤에는 후회하여도 아무 소용이 없음을 비유한 말.
噬臍莫及	
씹을 **서** / 배꼽 **제** / 아닐 **막** / 미칠 **급**	

〈읽기〉 先始於隗	가까이 있는 사람이나 말한 사람부터 시작하라는 뜻.
先始於隗	
먼저 **선** / 비로소 **시** / 어조사 **어** / 험할 **외**	

〈읽기〉 先則制人	선수를 치면 상대편을 제압할 수 있다는 뜻.
先則制人	
먼저 **선** / ~면 **즉** / 억제할 **제** / 사람 **인**	

〈읽기〉 成蹊	덕이 있는 사람은 자신을 드러내지 않아도 자연히 사람들이 흠모하여 모여드는 것을 비유한 말.
成蹊	
이룰 **성** / 지름길 **혜**	

〈읽기〉 宋襄之仁	착하기만 하고 수단이 없는 사람을 비유.
宋襄之仁	
송나라 **송** / 도울 **양** / ~의 **지** / 어질 **인**	

♣ **아래의 빈칸을 채우고, 〈읽기〉 부분을 소리 내어 읽어보시오.**

故事成語 쓰기 -12

〈읽기〉 **首鼠兩端** 이쪽저쪽 눈치만 살피며 자기에게 이로운 쪽을 택하려는 태도를 이르는 말.

| 머리 **수** | 쥐 **서** | 두 **량** | 끝 **단** | | | | |

〈읽기〉 **水滴穿石** 작은 노력이라도 끊임없이 계속하면 큰 일을 이룰 수 있음을 비유.

| 물 **수** | 물방울 **적** | 뚫을 **천** | 돌 **석** | | | | |

〈읽기〉 **守株待兔** 어떤 착각에 빠져 되지도 않을 일을 공연히 고집하는 어리석음을 비유하는 말.

| 지킬 **수** | 그루터기 **주** | 기다릴 **대** | 토끼 **토** | | | | |

〈읽기〉 **孫順埋兒** 자신의 아이를 죽여 묻음으로써 어머니를 봉양하려한 효행 설화.

| 성씨 **손** | 순할 **순** | 묻을 **매** | 아이 **아** | | | | |

〈읽기〉 **脣亡齒寒** 이해관계가 서로 밀접하여 한쪽이 망하면 다른 한쪽도 보전하기 어려움을 비유한 말.

| 입술 **순** | 잃을 **망** | 이 **치** | 찰 **한** | | | | |

〈읽기〉 **視吾舌** 비록 몸이 망가졌어도 혀만 살아 있으면 뜻을 펼 수 있다는 말.

| 볼 **시** | 나 **오** | 혀 **설** | | | | | |

아래의 빈칸을 채우고, 〈읽기〉 부분을 소리 내어 읽어보시오.

故事成語 쓰기 -13

〈읽기〉 餓死狙公 아무 하는 일 없이 남의 노력의 대가에 의지하여 살아가는 것을 경계하는 말.

| 주릴 **아** | 죽을 **사** | 원숭이 **저** | 존칭 **공** | | | | |

〈읽기〉 雁書 편지를 말함.

| 기러기 **안** | 글 **서** | | | | | | |

〈읽기〉 眼中之釘 미워서 보기 싫은 상대를 비유한 말.

| 눈 **안** | 가운데 **중** | ~의 **지** | 못 **정** | | | | |

〈읽기〉 良禽擇木 현명한 사람은 자기 재능을 키워줄 훌륭한 사람을 잘 택하여 섬긴다는 뜻.

| 좋을 **량** | 새 **금** | 가릴 **택** | 나무 **목** | | | | |

〈읽기〉 藥籠中物 항상 곁에 없어서는 안 될 긴요한 인물 또는 물건을 말함.

| 약 **약** | 농 **롱** | 가운데 **중** | 만물 **물** | | | | |

〈읽기〉 羊頭狗肉 겉과 속이 다른 속임수를 꼬집는 말.

| 양 **양** | 머리 **두** | 개 **구** | 고기 **육** | | | | |

□ 년 　 월 　 일 ㊞

♣ **아래의 빈칸을 채우고, 〈읽기〉 부분을 소리 내어 읽어보시오.**

故事成語 쓰기 –14

〈읽기〉 梁上君子 도둑을 가리키는 말.
梁上君子
대들보 **량**	위 **상**	임금 **군**	아들 **자**

〈읽기〉 漁父之利 쌍방이 다투는 사이 엉뚱한 제삼자가 이득을 챙긴다는 말.
漁父之利
고기잡을 **어**	남자존칭 **부**	~의 **지**	이로울 **리**

〈읽기〉 餘桃之罪 애정과 증오의 변화가 심함을 비유.
餘桃之罪
남을 **여**	복숭아 **도**	~의 **지**	죄 **죄**

〈읽기〉 緣木求魚 목적과 수단이 맞지 않아 불가능한 일을 굳이 하려 함을 비유하는 말.
緣木求魚
좇을 **연**	나무 **목**	구할 **구**	물고기 **어**

〈읽기〉 五里霧中 사물의 행방 또는 사태의 추이를 전혀 알 수 없다는 말.
五里霧中
다섯 **오**	거리 **리**	안개 **무**	가운데 **중**

〈읽기〉 五十步百步 정도의 차이는 있을망정 근본적 차이는 없다는 말.
五十步百步
다섯 **오**	열 **십**	걸음 **보**	일백 **백**	걸음 **보**

_____ 년 월 일 ㊞

♣ **아래의 빈칸을 채우고, 〈읽기〉 부분을 소리 내어 읽어보시오.**
故事成語 쓰기 -15

〈읽기〉 吳越同舟 서로 미워하면서도 공통의 어려움이나 이해에 대해서는 협력하는 경우를 비유하는 말.

| 오나라 오 | 월나라 월 | 한가지 동 | 배 주 | | | | |

〈읽기〉 蝸角之爭 아무 소용도 없는 싸움을 말함.

| 달팽이 와 | 뿔 각 | ~의 지 | 다툴 쟁 | | | | |

〈읽기〉 臥薪嘗膽 목적을 달성하기 위해 어떤 고난도 감수하는 정신을 말함.

| 누울 와 | 섶나무 신 | 맛볼 상 | 쓸개 담 | | | | |

〈읽기〉 完璧 흠이 없는 완전한 것을 비유하는 말.

| 완전할 완 | 둥근옥 벽 | | | | | | |

〈읽기〉 愚公移山 무슨 일이든 꾸준히 노력하면 달성하게 된다는 의미.

| 어리석을 우 | 존칭 공 | 옮길 이 | 메 산 | | | | |

〈읽기〉 月下氷人 중매쟁이를 말함.

| 달 월 | 아래 하 | 얼음 빙 | 사람 인 | | | | |

_____ 년 _____ 월 _____ 일 ㊞

♣ 아래의 빈칸을 채우고, 〈읽기〉 부분을 소리 내어 읽어보시오.

故事成語 쓰기 –16

〈읽기〉 **泣斬馬謖** 대의를 위해서라면 측근이라도 가차 없이 제거하는 권력의 공정성과 과단성을 일컬음.

泣	斬	馬	謖				
울 **읍**	벨 **참**	성씨 **마**	일어날 **속**				

〈읽기〉 **以心傳心** 문자나 언어 없이 마음으로 남을 깨닫게 한다는 말.

以	心	傳	心				
써 **이**	마음 **심**	전할 **전**	마음 **심**				

〈읽기〉 **一擧兩得** 한 가지 일로써 두 가지 이익을 얻는다는 뜻.

一	擧	兩	得				
한 **일**	들 **거**	두 **량**	얻을 **득**				

〈읽기〉 **一網打盡** 범인이나 어떤 무리를 단번에 몰아 잡는다는 말.

一	網	打	盡				
한 **일**	그물 **망**	칠 **타**	다할 **진**				

〈읽기〉 **一衣帶水** 강폭이 좁음을 비유한 말.

一	衣	帶	水				
한 **일**	옷 **의**	띠 **대**	물 **수**				

〈읽기〉 **人心最深** 사람의 마음은 그 깊이를 알 수가 없다는 뜻.

人	心	最	深				
사람 **인**	마음 **심**	가장 **최**	깊을 **심**				

_____ 년 _____ 월 _____ 일 ㊞

♣ 아래의 빈칸을 채우고, 〈읽기〉 부분을 소리 내어 읽어보시오.

故事成語 쓰기 -17

〈읽기〉 **前車覆轍** 실패의 전례 또는 앞 사람의 실패를 거울삼아 경계하라는 것을 비유한 말.							
前	車	覆	轍				
앞 **전**	수레 **거**	엎어질 **복**	바퀴자국 **철**				
〈읽기〉 **精衛塡海** 무모한 일을 기도하여 헛수고로 끝난다는 말.							
精	衛	塡	海				
정밀할 **정**	지킬 **위**	메울 **전**	바다 **해**				
〈읽기〉 **井底之蛙** 소견이나 견문이 썩 좁음을 말함.							
井	底	之	蛙				
우물 **정**	밑 **저**	~의 **지**	개구리 **와**				
〈읽기〉 **糟糠之妻** 술지게미와 쌀겨로 끼니를 이어가며 고생한 본처를 이르는 말.							
糟	糠	之	妻				
지게미 **조**	겨 **강**	~는 **지**	아내 **처**				
〈읽기〉 **朝三暮四** 당장의 차이에 신경 쓰지만 결과는 매한가지라는 의미.							
朝	三	暮	四				
아침 **조**	석 **삼**	저녁 **모**	넉 **사**				
〈읽기〉 **助長** 좋지 못한 행위나 습관을 조급히 키우려다 오히려 망친다는 경계의 뜻을 지닌 말.							
助	長						
도울 **조**	성장할 **장**						

♣ **아래의 빈칸을 채우고, 〈읽기〉 부분을 소리 내어 읽어보시오.**

故事成語 쓰기 –18

〈읽기〉 左袒 결과를 초래하게 옆에서 부추기거나 눈감아 주는 일.					
左袒					
왼 **좌**	웃통벗을 **단**				

〈읽기〉 竹馬故友 어릴 때 아주 긴밀했던 친구를 말함.					
竹馬故友					
대나무 **죽**	말 **마**	옛 **고**	벗 **우**		

〈읽기〉 中石沒鏃 정신을 집중하여 전력을 다하면 어떤 일도 이룰 수 있다는 말.					
中石沒鏃					
맞을 **중**	돌 **석**	잠길 **몰**	화살 **촉**		

〈읽기〉 曾子殺彘 부모는 아이들에게 언행에서 모범이 되고 믿음을 주어야 함.					
曾子殺彘					
성씨 **증**	선생 **자**	죽일 **살**	돼지 **체**		

〈읽기〉 指鹿爲馬 윗사람을 농락하고 권세를 함부로 부리는 것을 비유한 말.					
指鹿爲馬					
가리킬 **지**	사슴 **록**	할 **위**	말 **마**		

〈읽기〉 天高馬肥 가을은 기후가 좋고 오곡백과가 익는 계절이지만 흉노족의 침입도 경계하라고 이르는 말.					
天高馬肥					
하늘 **천**	높을 **고**	말 **마**	살찔 **비**		

_____ 년 ___월 ___일 ㊞

♣ 아래의 빈칸을 채우고, 〈읽기〉 부분을 소리 내어 읽어보시오.

故事成語 쓰기 -19

〈읽기〉 **鐵面皮** 뻔뻔하여 수치스러움을 모른다는 말.

鐵	面	皮			
쇠 **철**	얼굴 **면**	가죽 **피**			

〈읽기〉 **借鷄騎還** 손님 대접을 박하게 하는 것을 빗대어 이르는 말.

借	鷄	騎	還		
빌릴 **차**	닭 **계**	말탈 **기**	돌아올 **환**		

〈읽기〉 **七步之才** 아주 뛰어난 글재주를 이르는 말.

七	步	之	才		
일곱 **칠**	걸음 **보**	~의 **지**	재주 **재**		

〈읽기〉 **兎死狗烹** 필요할 때는 쓰고 필요 없을 때는 야박하게 버리는 경우를 이르는 말.

兎	死	狗	烹		
토끼 **토**	죽을 **사**	개 **구**	삶을 **팽**		

〈읽기〉 **破鏡** 부부의 이별 또는 이혼을 비유하는 말.

破	鏡				
깨질 **파**	거울 **경**				

〈읽기〉 **破竹之勢** 세력이 강대해 감히 대적할 상대가 없음을 비유하여 이르는 말.

破	竹	之	勢		
깨뜨릴 **파**	대 **죽**	~의 **지**	기세 **세**		

♣ **아래의 빈칸을 채우고, 〈읽기〉 부분을 소리 내어 읽어보시오.**

故事成語 쓰기 -20

〈읽기〉 涸轍鮒魚 매우 위급한 경우에 처했거나 몹시 고단하고 옹색함을 비유하는 말.
涸轍鮒魚
물마를 **학** / 바퀴자국 **철** / 붕어 **부** / 물고기 **어**

〈읽기〉 解語花 미인을 비유하여 이르는 말.
解語花
풀 **해** / 말씀 **어** / 꽃 **화**

〈읽기〉 螢雪之功 가난한 사람이 반딧불과 눈빛으로 글을 읽어가며 고생 속에서 공부함을 일컫는 말.
螢雪之功
개똥벌레 **형** / 눈 **설** / ~의 **지** / 공 **공**

〈읽기〉 狐假虎威 남의 권세를 빌어 위세를 부린다는 말.
狐假虎威
여우 **호** / 빌릴 **가** / 범 **호** / 위엄 **위**

〈읽기〉 畵龍點睛 사물의 가장 중요한 부분을 완성시킴을 비유하는 말.
畵龍點睛
그릴 **화** / 용 **룡** / 점 **점** / 눈동자 **정**

〈읽기〉 和氏之璧 어떤 난관도 참고 견디면서 자신의 의지를 관철시키는 것을 비유하는 말.
和氏之璧
성씨 **화** / 성씨 **씨** / ~의 **지** / 둥근옥 **벽**

■ 永字八法 (영자 팔법) 익히기

　해서에서 한자의 모든 글자에 공통으로 쓰이는 여덟 가지 획이 들어 있는 '길 영(永)' 자 쓰는 법을 말한다. 이 영자 팔법(永字八法)은 중국 한(漢) 나라 때 채옹이라는 사람이 고안하였다고 한다. 각 부분의 명칭은 다음과 같다.

① 측(側): 오른 점
② 늑(勒): 가로 긋기
③ 노(努): 내려 긋기
④ 적(趯): 갈고리
⑤ 책(策): 치킴
⑥ 약(掠): 삐침
⑦ 탁(啄): 오른 점
⑧ 책(磔): 파임

♣ 아래의 시구와 고사성어의 뜻을 음미하면서 붓글씨로 표현해 보시오.

<詩句·□□□□> 서예 - 30

| 白日莫虛送 | 青春不再來 | 花有重開日 | 人無更少年 | 一日不讀書 | 口中生荊棘 | 文章李太白 | 筆法王羲之 |

| 和氏之璧 | 畫龍點睛 | 狐假虎威 | 螢雪之功 |

♣ 아래의 시구와 고사성어의 뜻을 음미하면서 붓글씨로 표현해 보시오.

<詩句·□□□□> 서예 - 29

學文千載寶　貪物一朝塵

水去不復回　言出難更收

畫虎難畫骨　知人未知心

大旱得甘雨　他鄉逢故人

解語花

涸轍鮒魚

破竹之勢

破鏡

♣ 아래의 시구와 고사성어의 뜻을 음미하면서 붓글씨로 표현해 보시오.
<詩句·□□□□> 서예 - 28

| 花開昨夜雨 | 山高松下立 | 蟋蟀鳴洞房 | 山高月上遲 |
| 花落今朝風 | 江深沙上流 | 梧桐落金井 | 谷直風來急 |

兔死狗烹

七步之才

借鷄騎還

鐵面皮

♣ 아래의 시구와 고사성어의 뜻을 음미하면서 붓글씨로 표현해 보시오.
<詩句·□□□□> 서예 - 27

荷風送香氣
竹露滴清響

青松夾路生
白雲宿簷端

明月松間照
清泉石上流

日華川上動
風光草際浮

荷風送香氣
竹露滴清響

指鹿爲馬

曾子殺彘

中石沒鏃

天高馬肥

♣ 아래의 시구와 고사성어의 뜻을 음미하면서 붓글씨로 표현해 보시오.

<詩句·□□□□> 서예 - 26

柳幕鶯爲客	春北暮秋南雁	琴潤絃猶響	魚戲新荷動
花房蝶作郎	朝西暮東虹	爐寒火尚存	鳥散餘花落

竹馬故友

左袒

助長

朝三暮四

♣ 아래의 시구와 고사성어의 뜻을 음미하면서 붓글씨로 표현해 보시오.

<詩句·□□□□> 서예 - 25

竹筍尖如筆	松葉細似針	林風涼不絶	山月曉仍明	氷解魚初躍	風和雁欲歸	洞深花意懶	山疊水聲幽

糟糠之妻

井底之蛙

精衛塡海

前車覆轍

♣ 아래의 시구와 고사성어의 뜻을 음미하면서 붓글씨로 표현해 보시오.
<詩句·□□□□> 서예 - 24

白蝶紛紛片片雪 黃鶯片片片片金

露凝千叢片玉 菊散一叢金

山吐孤輪月 江含萬里風

遠水連天碧 霜楓向日紅

人心最深

一衣帶水

一網打盡

一擧兩得

♣ 아래의 시구와 고사성어의 뜻을 음미하면서 붓글씨로 표현해 보시오.

| 山雨夜鳴竹 | 草蟲秋入牀 | 花紅黃蜂鬧 | 草綠白馬嘶 | 鳥耕蒼海去 | 鷺割青山來 | 雨磨菖蒲刀 | 風梳楊柳髮 |

以心傳心

泣斬馬謖

月下氷人

愚公移山

♣ 아래의 시구와 고사성어의 뜻을 음미하면서 붓글씨로 표현해 보시오.

<詩句·□□□□> 서예 - 22

綠水前鏡 青松後屏

柳色黃金嫩 梨花白雪香

花發文章樹 月出壯元峰

天清一雁遠 海闊孤帆遲

完璧

臥薪嘗膽

蝸角之爭

吳越同舟

♣ 아래의 시구와 고사성어의 뜻을 음미하면서 붓글씨로 표현해 보시오.

<詩句·□□□□> 서예 - 21

| 竹筍黃犢角 | 蕨芽小兒拳 | 狗走梅花落 | 鷄行竹葉成 | 馬行駒隨後 | 牛耕犢臥原 | 馬行千里路 | 牛耕百畝田 |

| 步步登高 | 五里霧中 | 緣木求魚 | 桃之餘罪 |

♣ 아래의 시구와 고사성어의 뜻을 음미하면서 붓글씨로 표현해 보시오.
<詩句·□□□□> 서예 - 20

雨後澗生瑟
風前松奏琴

潛魚躍淸波
好鳥鳴高枝

群星陣碧天
落葉戰秋山

月到梧桐上
風來楊柳邊

漁父之利

梁上君子

羊頭狗肉

藥籠中物

♣ 아래의 시구와 고사성어의 뜻을 음미하면서 붓글씨로 표현해 보시오.
<詩句·□□□□> 서예 - 19

碧海黃龍宅	青松白鶴樓
高峯撐天立	長江割地去
鳥喧蛇登樹	犬吠客到門
鳥逐花間蝶	鷄爭草中蟲

良禽擇木

眼中之釘

雁書

餓死狙公

♣ 아래의 시구와 고사성어의 뜻을 음미하면서 붓글씨로 표현해 보시오.
<詩句·□□□□> 서예 - 18

掃地黃金出	初月將軍弓	天長蝶去無執	月移山影改
開門萬福來	流星壯士矢	花老蝶不來	日下樓痕消

視吾舌

脣亡齒寒

孫順埋兒

守株待兔

♣ 아래의 시구와 고사성어의 뜻을 음미하면서 붓글씨로 표현해 보시오.

<詩句·□□□□> 서예 - 17

水鳥浮還沒 山雲斷復連

山影推還生 月光掃不出

水連天共碧 風與月雙清

高山白雲起 平原芳草綠

水滴穿石

首鼠兩端

宋襄之仁

成蹊

♣ 아래의 시구와 고사성어의 뜻을 음미하면서 붓글씨로 표현해 보시오.

<詩句·□□□□> 서예 - 16

| 棹穿波底月 | 鳥宿池邊樹 | 桃李千機錦 | 白鷺千點雪 |
| 船壓水中天 | 僧敲月下門 | 江山一畫屛 | 黃鶯一片金 |

先則制人

先始於隗

噬臍莫及

西施矉目

♣ 아래의 시구와 고사성어의 뜻을 음미하면서 붓글씨로 표현해 보시오.

<詩句·□□□□> 서예 - 15

花笑聲未聽　鳥啼淚難看

細雨池中看　微風木末知

風驅群飛雁　月送獨去舟

野曠天低樹　江清月近人

塞翁之馬

三人成虎

三顧草廬

蛇足

♣ 아래의 시구와 고사성어의 뜻을 음미하면서 붓글씨로 표현해 보시오.
<詩句·□□□□> 서예 - 14

| 日暮鷄登塒 | 天寒鳥入簷 | 風窓燈易滅 | 月屋夢難成 | 小園鶯歌歇 | 長門蝶舞多 | 日暮蒼山遠 | 天寒白屋貧 |

| 四面楚歌 | 徙木之信 | 不貪爲寶 | 覆水不收 |

♣ 아래의 시구와 고사성어의 뜻을 음미하면서 붓글씨로 표현해 보시오.

<詩句·□□□□> 서예 - 13

山外山 路中路 無窮盡

花落以前春 山深然後寺

春意無分別 人情有淺深

人分千里外 興在一杯中

法不徇情

伯牙絶絃

白眉

白面書生

♣ 아래의 시구와 고사성어의 뜻을 음미하면서 붓글씨로 표현해 보시오.

<詩句·□□□□> 서예 - 12

| 雨後山如沐 | 風前草似醉 | 歲去人頭白 | 秋來樹葉黃 | 五夜燈前晝 | 六月亭下秋 | 掬水月在手 | 弄花香滿衣 |

| 杯中蛇影 | 背水陣 | 杯盤狼藉 | 傍若無人 |

♣ 아래의 시구와 고사성어의 뜻을 음미하면서 붓글씨로 표현해 보시오.
<詩句·□□□□> 서예 - 11

月作雲間鏡　風爲竹裡琴

花落憐不掃　月明愛無眠

松作延客蓋　月爲讀書燈

洗硯魚吞墨　煮茶鶴避煙

拔本塞源

尾生之信

門前成市

刎頸之交

♣ 아래의 시구와 고사성어의 뜻을 음미하면서 붓글씨로 표현해 보시오.

<詩句·□□□□> 서예 - 10

男奴負薪去	老人扶杖來
女婢汲水來	小兒騎竹來

白酒紅人面	飲酒人顏赤
黃金黑吏心	食草馬口青

武陵桃源　　毛遂自薦　　矛盾　　孟母三遷

♣ 아래의 시구와 고사성어의 뜻을 음미하면서 붓글씨로 표현해 보시오.

<詩句·□□□□> 서예 - 9

西亭江上月 / 東閣雪中梅

耕田埋春色 / 汲水斗月光

靜裏乾坤大 / 閒中日月長

山靜似太古 / 日長如少年

麥秀之嘆

望洋之歎

磨斧作針

登龍門

♣ 아래의 시구와 고사성어의 뜻을 음미하면서 붓글씨로 표현해 보시오.

<詩句·□□□□> 서예 - 8

| 世事琴三尺 | 生涯酒一盃 | 江山萬古主 | 人物百年賓 | 人心朝夕變 | 山色古今同 | 綠竹君子節 | 靑松丈夫心 |

同病相憐　大器晚成　螳螂拒轍　斷腸

♣ 아래의 시구와 고사성어의 뜻을 음미하면서 붓글씨로 표현해 보시오.

<詩句·□□□□> 서예 - 7

家國　貧亂　思思　賢良　妻相

思憶　家弟　清白　宵日　立眠

子家　孝和　雙萬　親事　樂成

妻子　賢孝　夫父　禍心　少寬

斷機之戒

多多益善

多岐亡羊

累卵之危

♣ 아래의 시구와 고사성어의 뜻을 음미하면서 붓글씨로 표현해 보시오.
<詩句·□□□□> 서예 - 6

| 愛君希道泰 | 父母千年壽 | 父慈子當孝 | 夫婦二姓合 |
| 憂國願年豐 | 子孫萬世榮 | 兄友弟亦恭 | 兄弟一氣連 |

老馬之智

濫觴

南柯一夢

難兄難弟

♣ 아래의 시구와 고사성어의 뜻을 음미하면서 붓글씨로 표현해 보시오.

<詩句·□□□□> 서예 - 5

天地爲父母　日月似兄弟

天地人　君師父一體三才

水火木金土　仁義禮智信

春作四時首　人爲萬物靈

奇貨可居

騎虎之勢

杞憂

錦衣夜行

♣ 아래의 시구와 고사성어의 뜻을 음미하면서 붓글씨로 표현해 보시오.
<詩句·□□□□> 서예 - 4

秋葉霜前落
春花雨後紅

雲作千層峰
虹爲百尺橋

月爲無柄扇
星作絶纓珠

月爲宇宙燭
風作山河鼓

捲土重來

國士無雙

九牛一毛

鸚鵡學舌

♣ 아래의 시구와 고사성어의 뜻을 음미하면서 붓글씨로 표현해 보시오.

<詩句·□□□□> 서예 - 3

| 白雲山上蓋 | 明月水中珠 | 日月籠中鳥 | 乾坤水上萍 | 秋月揚明輝 | 冬嶺秀孤松 | 春水滿四澤 | 夏雲多奇峯 |

狡兔三窟

刮目相對

管鮑之交

瓜田李下

♣ 아래의 시구와 고사성어의 뜻을 음미하면서 붓글씨로 표현해 보시오.

<詩句·□□□□> 서예 - 2

| 東西日月 | 南北鴻雁路 | 日月千古鏡 | 江山萬古屛 | 秋涼黃菊發 | 冬寒白雪來 | 春來梨花白 | 夏至樹葉靑 |

| 孔子穿珠 | 鷄鳴拘盜 | 鷄肋 | 鷄口牛後 |

♣ 아래의 시구와 고사성어의 뜻을 음미하면서 붓글씨로 표현해 보시오.
<詩句·□□□□> 서예 - 1

天傾西北 地卑東南界

東西幾萬里 南北不能尺

月出天開眼 山高地舉頭

天高日月明 地厚草木生
王子好童

結草報恩

乾坤一擲

刻舟求劍

苛政猛虎
權好順

■ 永字八法 (영자 팔법) 익히기

　해서에서 한자의 모든 글자에 공통으로 쓰이는 여덟 가지 획이 들어 있는 '길 영(永)' 자 쓰는 법을 말한다. 이 영자 팔법(永字八法)은 중국 한(漢) 나라 때 채옹이라는 사람이 고안하였다고 한다. 각 부분의 명칭은 다음과 같다.

❶ 측(側): 오른 점
❷ 늑(勒): 가로 긋기
❸ 노(努): 내려 긋기
❹ 적(趯): 갈고리
❺ 책(策): 치킴
❻ 약(掠): 삐침
❼ 탁(啄): 오른 점
❽ 책(磔): 파임

마음수련

붓글씨

도서출판 시간의물레

세 마리 토끼를 잡는
추구집

초판인쇄 2018년 10월 01일
초판발행 2018년 10월 05일
저　　자 조 규 남
발 행 인 권 호 순
발 행 처 시간의물레
등　　록 2004년 6월 5일
등록번호 제1-3148호
주　　소 서울시 마포구 마포대로 4다길 3(1층)
전　　화 02-3273-3867
팩　　스 02-3273-3868
전자우편 timeofr@naver.com
블 로 그 http://blog.naver.com/mulretime
홈페이지 http://www.mulretime.com
I S B N 978-89-6511-246-4 (03700)
정　　가 23,000원

* 이 책의 저작권은 저자에게 출판권은 시간의물레에 있습니다.
* 잘못된 책은 바꿔드립니다.

국립중앙도서관 출판예정도서목록(CIP)

(세 마리 토끼를 잡는) 추구집 : 한시/고사성어/붓글씨 / 저
자: 조규남. -- 서울 : 시간의물레, 2018
　　　p. ;　　cm

ISBN　978-89-6511-246-4 03700 : ₩23000

한자 학습[漢字學習]

711.47-KDC6
495.78-DDC23　　　　　　　　　　　CIP2018031006

마음수련
붓글씨

조규남

도서출판 시간의물레